L'ÉCOLE NATIONALE

OU

L'ENSEIGNEMENT PROGRESSIF

D'après la marche naturelle de l'esprit humain.

PAR

E. M. CAMPAGNE

Auteur du Dictionnaire d'Éducation.

DE 9 A 12 ANS

[illegible] de Lecture, de Récitation et de Devoirs à l'usage [illegible] écoles des deux sexes et des familles.

> Il n'en coûte pas plus à l'œil de voir une montagne qu'une souris ; les grandes idées ne sont pas plus difficiles à saisir que les petites.

BORDEAUX

[illegible] DUVERDIER ET Cie (DURAND, DIRECTEUR)

Rue Gouvion, 7.

1872

L'ÉCOLE NATIONALE

OU

L'ENSEIGNEMENT PROGRESSIF

D'après la marche naturelle de l'esprit humain,

PAR

E.-M. CAMPAGNE

Auteur du Dictionnaire d'Éducation.

DE 9 A 12 ANS

Livre de Lecture, de Récitation et de Devoirs à l'usage des écoles des deux sexes et des familles.

Il n'en coûte pas plus à l'œil de voir une montagne qu'une souris; les grandes idées ne sont pas plus difficiles à saisir que les petites.

BORDEAUX
IMPRIMERIE DUVERDIER ET Cie (DURAND, DIRECTEUR)
Rue Gouvion, 7.

1872

AVIS

L'École nationale, qui au besoin peut remplacer avec beaucoup d'avantage tous les autres livres classiques élémentaires, comprend six volumes qui se vendent séparément ainsi qu'il suit ; cartonnés, in-12, beau papier :

1° Le premier âge (de 6 à 9 ans)................	1 fr.	»
2° De 9 à 12 ans....................................	1	30
3° De 12 à 14 ans...................................	1	40
4° Le Collégien ou l'Enseignement de langues (de 6 à 12 ans)..	2	»
5° Méthode d'écriture, pouvant servir d'exemplaires d'écriture, de calque et de livre de lecture..	1	»
6° La Vie champêtre ou la Science du village (de 14 à 15 ans)..	1	»

NOTA. — Notre **École nationale,** qui est appelée à faire époque dans les annales de l'instruction publique, fait simultanément l'instruction et l'éducation de l'élève en le suivant pas à pas. — Notre Dictionnaire d'Éducation complète ce cours d'éducation nationale et résume la véritable science qui fait l'homme utile à sa famille et à son pays.

TABLE DES MATIÈRES

PREMIÈRE PARTIE

Idées religieuses et morales.

DEUXIÈME PARTIE

Histoire de la nature.

TROISIÈME PARTIE

Le Tour de France.

QUATRIÈME PARTIE

Histoire du genre humain.

CINQUIÈME PARTIE

La Poésie du cœur.

FIN DE LA TABLE.

Nota. — Chaque leçon est suivie de devoirs gradués et progressifs selon la marche naturelle de l'esprit humain et selon les besoins des élèves de dix à douze ans. — L'élève doit repasser au moins deux fois ce livre, qui fait suite au *Premier âge*. — La première année on choisit les devoirs les plus faciles.

AVIS A LA MÈRE ET AU PROFESSEUR

1. Avant de prendre ce livre, l'élève doit connaître pratiquement tout ce qui est traité dans le *Premier âge*.

2. Les mots formant le sujet de chaque chapitre sont traités en détail dans notre *Dictionnaire d'éducation*, afin que la mère et le professeur puissent intéresser l'élève en lui donnant de nouvelles idées sous forme d'histoire.

3. Après que l'élève a bien lu et bien compris sa leçon, on lui indique, dans les devoirs tracés à la fin de chaque chapitre, ceux qu'il a à faire dans la journée. En repassant le livre, les devoirs omis à dessein pour ménager la force de l'élève, seront faits à leur tour.

4. Le même devoir devra être fait avec plus ou moins de détail suivant la culture antérieure et la force de l'élève.

5. Les notes et devoirs forment, au point de vue de l'instruction progressive, un cours suivi de langue, de calcul, d'arpentage, de grammaire, etc., et résument en peu de mots ce qu'il y a de mieux dans les sciences pratiques.

6. Quant à l'histoire, la géographie, l'agriculture, l'histoire naturelle, les merveilles de la science moderne, la morale, la religion, le savoir vivre, etc., nos leçons présentent ce qu'on peut demander de mieux pour la jeunesse, en pareille matière.

7. Les mères et les professeurs peuvent se fier à notre expérience. Ils n'ont plus à se préoccuper des notions à inculquer dans les jeunes esprits. Notre cours répond à tous les besoins du cœur et de l'intelligence, et l'élève qui l'aura bien suivi, aura la véritable science qui fait l'homme utile à sa famile et à son pays.

PREMIÈRE PARTIE

IDÉES RELIGIEUSES ET MORALES

1. La Bible.

C'est le livre qui contient les Saintes Ecritures et qu'on divise en deux parties : l'Ancien et le Nouveau Testament.

La première partie contient l'histoire du peuple Juif, depuis la création du monde jusqu'à Jésus-Christ et se compose d'écrits historiques, de prophéties et d'ouvrages moraux.

Le Nouveau Testament comprend : les quatre évangiles de saint Mathieu, de saint Marc, de saint Luc et de saint Jean; les actes des Apôtres; les quatorze épîtres de saint Paul et sept épîtres des autres apôtres, enfin l'Apocalypse.

L'Ancien Testament a été écrit en hébreu, et le Nouveau presque tout entier en grec. Les *Septante,* c'est-à-dire soixante-dix traducteurs, traduisirent en grec tout l'Ancien Testament, sous le règne de Ptolémée Philadelphe, roi d'Egypte ; et saint Jérôme au quatrième siècle après Jésus-Christ, traduisit en latin la Bible tout entière ; sa traduction, connue sous le nom de *Vulgate*, est la seule qui soit reconnue par l'Eglise.

Plus on médite ce divin livre, plus on y trouve de charmes; la simplicité des paroles soulage l'esprit du lecteur, et la sublimité du sens l'élève et le soutient. (SAINT GRÉGOIRE.)

Ce n'est pas un de ces livres faits pour tel ou tel peuple, ce sera un jour le livre de tous les peuples; car il renferme l'histoire de l'homme, écrite pour tous les hommes sous la dictée même de Dieu. (Dr DESCURET.)

Notes et devoirs

1. Copier la leçon en entier et réciter la première moitié. — Chercher et écrire six mots sur chacun de

ces équivalents : *an, en, em, am; on, om; un, um; in, yn, en, ain, ein, im, ym, aim.*

2. Expliquer sur la carte les mots suivants : Garonne, Gironde, Dordogne, Loire, Cher, Indre, Allier, Seine, Aisne, Marne, Rhin, Doubs, Rhône, Saône, Durance.

3. Chercher et écrire en colonnes les verbes de la leçon et les conjuguer à l'une des personnes du passé indéfini ou du plus-que-parfait de l'indicatif.

4. Calcul oral et écrit. — Combien y a-t-il de décig., de centig., de millig. dans 2, 4, 6, 8, 3, 5, 1, 7, 9 grammes? dans 4, 6, 8, 1, 3, 2, 5, 9, 7 décagrammes? etc. — Combien y a-t-il de centimes dans 2, 4, 6, 8, 1, 3, 5, 7, 9 francs? dans 6, 8, 4, 2, 1, 3, 5, 7, 9 sous? — Effectuer les opérations suivantes :

$$\begin{array}{r} 43260004 \\ \times \quad 907 \\ \hline \end{array} \qquad \begin{array}{r} 73098432 \\ \times \quad 468 \\ \hline \end{array}$$

$$\begin{array}{r} 96327984 \\ -\ 23683572 \\ \hline \end{array} \qquad \begin{array}{r} 7328643 \\ -\ 2462357 \\ \hline \end{array}$$

---

2. L'Évangile.

Ce livre comprend l'histoire de l'événement de la doctrine, des actions, de la mort et de la résurrection de Jésus de Nazareth, fils de Dieu. C'est, suivant le sens intime de ce mot l'*heureuse nouvelle* apportée aux nations.

La doctrine de l'Evangile n'a point son siége dans la tête, mais dans le cœur; elle n'apprend point à disputer, mais à bien vivre; ses préceptes forment le véritable citoyen. (Chateaubriand.)

L'Evangile est le plus beau présent que Dieu ait pu faire au monde. (Montesquieu.)

On ne se refuse à la doctrine de l'Evangile que pour tomber dans l'absurdité. (Voltaire.)

La majesté des Ecritures m'étonne, la sainteté de l'Evangile parle à mon cœur. Voyez les livres des philosophes, avec toutes leurs pompes; qu'ils sont petits près de celui-là! Ce divin livre, le seul nécessaire à un chrétien, et le plus utile de tous à quiconque ne le serait pas, n'a besoin que d'être médité pour porter dans l'âme l'amour de son auteur et la volonté d'accomplir ses préceptes. Jamais la vertu n'a parlé un aussi doux langage, jamais la plus profonde sagesse ne s'est exprimée avec tant d'énergie et de simplicité. (J.-J. Rousseau.)

Notes et Devoirs

1. Copier la leçon en entier et réciter la deuxième moitié.

2. Expliquer sur la carte les mots suivants : Pyrénées, Cévennes, Vosges, Alpes, Karpathes, Ourals, Caucase, Apennins, Balkan. — Néva, Niémen, Vistule, Oder, Elbe. Tamise, Tage, Ebre, Tibre, Pô, Adige, le Don, Volga, Oural.

3. Plusieurs mots réunis exprimant un sens complet forment une *proposition*. Une proposition se compose de plusieurs parties dont chacune remplit un rôle différent : le *sujet*, le *verbe*, l'*attribut* et les *compléments*. Le *sujet* désigne la personne ou la chose qui fait l'action marquée par le verbe. — Chercher le sujet de tous les verbes de la leçon.

4. Calcul oral. — On appelle nombres décimaux ceux qui contiennent des dixièmes, des centièmes ou des millièmes de l'unité dont il s'agit. Pour écrire ces sortes de nombres, on met une virgule à la droite des unités et on place successivement à la suite les dixièmes, les centièmes et les millièmes. Lire et écrire en lettre les nombres suivants :

$2^{m}7$; $36^{m}83$; $723^{m}4$; $93^{g}730$; $830^{l}70$; $7940^{m}83$

---

3. Les Miracles.

Moïse et Jésus-Christ, voilà les deux personnages qui nous font saisir d'un coup d'œil l'ensemble admirable de notre religion. Qui ne serait frappé des caractères de sainteté et de vérité de nos Saintes Ecritures ! Moïse est un auteur contemporain qui parle à sa nation, qui lui parle de faits qui se sont passés et qui se passent encore sous ses yeux, de faits publics, sensibles et permanents.

Ainsi, la sortie de l'Egypte au milieu de tant de prodiges dont l'Egypte seule est la victime ; le passage de la mer Rouge, non pas en côtoyant ses bords, mais à travers ses flots divisés ; le mont Sinaï tout en feu, la voix retentissante du Très-Haut, sortant du milieu des éclairs et des éclats de la foudre ; la terre entr'ouverte sous les pieds de Coré, de Datan et d'Abiron ; le rocher frappé par la verge de Moïse, et offrant tout à coup une source d'eau vive à un peuple ingrat ; les prodiges du désert qui se renouvelaient tous les jours, qui ont duré quarante ans, comme la manne qui a servi si longtemps de nourriture aux Hébreux ; cette colonne de nuées qui paraissait devant eux pendant le jour pour régler leur marche, et cette colonne de feu qui leur servait de guide pendant la nuit : ce sont là, sans doute, des miracles éclatants, qui prouvent la mission divine de celui qui les a opérés au nom même du Dieu tout puissant, du Dieu de vérité.

Notes et Devoirs.

1. Copier et réciter la deuxième moitié de la leçon. — Dicter la première partie. — Ces dictées de textes, qui ont été lus, avertissent l'élève qu'il est intéressé à bien remarquer la composition des mots de sa leçon de lecture, et il apprend l'orthographe pour ainsi dire naturellement et sans effort.

2. Chercher six noms terminés en *age*, six noms en *on* et six noms en *in* et écrire à côté les verbes qui en dérivent.

3 On reconnaît le *sujet* d'une proposition en faisant la question *qui?* sur le verbe : Paul laboure. Qui laboure ? Paul. *Paul* est le sujet. — Chercher et écrire les sujets de la leçon, en les faisant suivre de leurs verbes.

4. Calcul oral et écrit. — Lire et écrire en lettres les nombres suivants, après en avoir fait l'addition :

$748^{m}367$	$9743^{g}83$	$3^{m}40$
+ 97 32	+ 974 930	4 60
+ 832 483	+ 8306 390	13 15
+ 27 379	+ 864 150	4 16
+ 732 27	+ 73 20	15 65

---

4. Les Miracles (*suite*).

Mais tout repose sur Jésus-Christ. Les merveilles les plus éclatantes viennent à l'appui de la sainteté de ses mœurs, et ajoutent un nouveau poids à l'excellence de sa doctrine.

Maître des éléments, il calme les tempêtes, multiplie les pains, marche sur les eaux, délie la langue des muets, rend l'ouïe aux sourds, redresse les boîteux, chasse les démons, domine la nature et la mort.

Il ressuscite le fils de la veuve de Naïm, dont le peuple accompagnait la pompe funèbre ; la fille du chef de la synagogue, dont une troupe de Juifs pleurait sa perte ; Lazare, enseveli depuis plusieurs jours.

Il annonce sa mort et sa résurrection ; il prédit ce que nous voyons accompli de la manière la plus frappante : la prédication de l'Évangile, l'établissement de l'Église, le châtiment des Juifs et la destruction de Jérusalem.

Après avoir enduré de la manière la plus héroïque et avec le plus noble courage, les opprobres les plus humiliants, Jésus-Christ meurt sur la croix, et, selon la promesse qu'il a faite à ses apôtres, cette croix devient l'instrument et le signe le plus éclatant de son triomphe. Quelle satisfaction pour le vrai Chrétien de repasser ainsi, d'un coup d'œil, toute la suite de sa religion et tous les fondements de sa foi !

Notes et Devoirs.

1. Copier et réciter la première moitié de la leçon. — Dictée sur la deuxième partie.

2. Chercher les verbes formés par les mots suivants : alliage, arpentage, arrosage, badinage, cirage, éclairage, étalage, gage, lavage, parage, plumage ; — abandon, bouton, canon, chiffon, crayon, espion, façon, galon, maçon, savon, sillon, talon ; — badin, butin, chagrin, chemin, dessin, destin, devin, festin, jardin, satin, taquin. (V. leç. 3.)

3. Chercher et écrire les sujets de la leçon, en les faisant suivre de leur verbe.

4. Calcul oral. — Lire, écrire en lettres et additionner les nombres suivants. — Dire combien il y a de décimètres en tout dans chacun d'eux, combien de centimètres et combien de millimètres. — Dans $3^{m}563$, il y a en tout 35 décim., ou bien 356 centim., ou bien 3,563 millimètres.

$734^{m}73$	$157^{m}30$	$7^{m}34$
+ 27 475	+ 22 975	+ 86 735
+ 8364 38	+ 323 37	+ 2 4

---

5. Les Empires prédits par Daniel.

Lisez les livres des prophètes, et vous admirerez ces étonnantes prédictions si précises et si détaillées, sur les châtiments des Juifs et leur captivité ; sur les peuples qui devaient servir ou de sauveurs pour les délivrer, ou de vengeurs pour les punir ; sur Babylone, sur la Syrie, sur l'Egypte, sur les Perses, les Grecs et les Romains; et enfin, sur l'empire du Christ, cet autre royaume de nature bien différente, et qui ne doit point être détruit.

Isaïe dit que les Assyriens sont une verge dont Dieu se sert pour corriger son peuple, toutes les fois qu'il tombe dans l'idolâtrie.

Le même prophète appelle Cyrus, roi de Perse, deux cents ans avant la naissance de ce prince, en disant que le Seigneur l'a rendu vainqueur de tous ses ennemis, afin d'affranchir le peuple Juif de la captivité de Babylone, en leur donnant la liberté de retourner dans la Judée, et l'histoire confirme ces prévisions d'Isaïe. (Voy. EMPIRES, *Dict. d'Educ.*)

En s'étendant dans une grande partie du monde, Alexandre et ses successeurs, rendirent populaire la langue grecque, dans laquelle l'Evangile devait être prêchée de vive voix et surtout par écrit. Le grand empire romain a procuré aux prédicateurs de l'Evangile la facilité de parcourir le monde dans tous les sens, et il a contribué à faire naître le Messie à Bethléem. Ainsi, dans l'histoire de la religion, les Juifs, les peuples et les différents âges, tout est pour le Messie, l'unique fondement de nos espérances.

Notes et Devoirs.

1. Copier et réciter la première moitié de la leçon. — Dicter la deuxième partie.

2. Chercher six noms sur chacune des terminaisons suivantes : *et, ade, erie, ment, son, tion.*

3. On nomme *complément* tout ce qu'on ajoute aux verbes pour en compléter le sens : Je mange; voilà un verbe sans complément. — Je mange *une poire*. On sait à présent ce que je mange : *une poire* est le complément, parce que ce mot complète l'idée du verbe.

4. Calcul oral et écrit. — Dans 1 mètre, il y a 10 décim., 100 centim., 1000 millim.; dans 2 mètres, il y a 20 décim., 200 centim., 2000 millim. — Combien y a-t-il de décim., de centim., de millim., dans 3, 4, 5, 6, 7, 8, 9 mètres? etc. Lire, écrire en lettres et additionner les nombres suivants :

+ $7^{m}37$	$4^{m}304$	$9^{m}35$
+ 48 483	+ 80 005	+ 7 432
+ 9 150	+ 732 387	+ 90 045
+ 732 987	+ 6 403	+ 7 306

6. Jésus-Christ et sa doctrine.

Les faits et les miracles de Jésus ont été avoués par les philosophes païens, Julien, Celse, Porphyre, qui avaient intérêt à le nier.

« Il n'y aura bientôt, s'écrie Cicéron, qu'une même loi éternelle et immuable qui régnera sur tous les peuples. »

« Le cours immense des siècles va commencer de nouveau, dit Virgile, car voici qu'une race nouvelle est envoyée du ciel. »

« On était généralement persuadé, dit Tacite, sur la foi d'anciennes prophéties, qu'on ne serait pas longtemps sans voir sortir de la Judée ceux qui seraient maîtres de l'univers. »

C'est aussi ce qu'atteste Suétone. « Tout l'Orient, dit cet historien, était rempli du bruit de cette opinion aussi ancienne que constante, qu'il était dans les destins que, vers cette époque, on vit sortir de la Judée les dominateurs du monde. »

Le Talmud et d'autres ouvrages anciens appartenant aux Juifs constatent qu'un grand nombre de Gentils se rendaient à Jérusalem pour y voir l'avénement de celui qui devait être le Sauveur du monde.

Parmi les Juifs, la plupart se figuraient ce libérateur comme un conquérant qui devait relever leur nation de l'oppression politique sous laquelle ils gémissaient. C'était seulement le petit nombre qui voyait dans la promesse faite aux patriarches, une espérance pour le salut des âmes et la rédemption du genre humain.

Notes et Devoirs

1. Copier la première moitié de la leçon et réciter la deuxième moitié.

2. Chercher les verbes formés par les mots suivants : cachet, caquet, crochet, décret, fouet, jouet, lacet; bravade, canonnade, enfilade, noyade, peuplade, ruade; batterie, broderie, causerie, draperie, flatterie, raillerie; bâillement, bêlement, châtiment, hurlement, logement, ornement; conjugaison, chanson, fleuraison, guérison, liaison, salaison, acquisition, négation, adoption, affliction, création. (V. leç. 5.)

3. Les compléments des verbes se divisent en *attributs*, compléments *directs* et compléments *indirects*.

4. Calcul oral et écrit. Division. — Partager 21 bu-

chettes entre 7 enfants. Pour cela, mettez sur la table 21 buchettes, donnez-en 1 à chaque enfant, puis une 2e, puis une 3e et il ne vous en reste plus, et chaque enfant a 3 buchettes. Faites ensuite comprendre que puisque 3 fois 7 font 21, ce dernier nombre contient 3 fois le nombre 7, et 7 fois le nombre 3, et qu'on peut trouver les réponses analogues au moyen de la table de multiplication. Partagez 4, 6, 8, 10, 12, 14, 16, 18, 20 buchettes ou graines entre 2 enfants, au moyen de la table et faites la preuve en mettant sur la table les parts de chacun dont la somme doit égaler le nombre partagé.

---

7. Jésus-Christ et sa doctrine (*suite*).

Les vérités de la vie future nous sont développées par Jésus-Christ. La vraie terre promise, c'est le royaume céleste. C'est après cette bienheureuse patrie que soupirait Abraham, Isaac et Jacob.

L'Egypte d'où il faut sortir, le désert où il faut passer, la Babylone dont il faut rompre les prisons, c'est le monde avec ses plaisirs et ses vanités. Il nous faut secouer ce joug pour trouver dans la cité de notre Dieu la véritable liberté.

Par cette doctrine de Jésus, le secret de Dieu nous est découvert; la loi est toute spirituelle, ses promesses nous introduisent à celles de l'Evangile. Une même lumière nous paraît partout; elle se lève sous les patriarches; sous Moïse et sous les prophètes elle s'accroît. Jésus-Christ, plus grand que les patriarches, plus autorisé que Moïse, plus éclairé que tous les prophètes, nous la montre dans sa plénitude.

A ce Christ, était réservé de nous montrer toute vérité, c'est-à-dire celle des mystères, celle des vertus et celle des récompenses que Dieu a destinées à ceux qu'il aime.

« C'était de telles grandeurs que les Juifs devaient chercher en leur Messie. Il n'y a rien de si grand que de porter en soi-même et de découvrir aux hommes la vérité tout entière, qui les nourrit, qui les dirige, et qui épure leurs yeux jusqu'à les rendre capables de voir Dieu. » (Bossuet.)

Notes et Devoirs

1. Copier et réciter la première moitié de la leçon. — Dicter la deuxième moitié après lecture.

2. On donne le nom d'*attribut* aux adjectifs joints aux verbes pour exprimer une manière d'être du sujet : mon père est *bon;* mon frère devient *sage*. Dans ces exemples : J'aime Dieu; tu obéis à ton père; *Dieu* est complément *direct* et *à ton père* complément *indirect*. On appelle ce dernier, indirect parce que ce complément se joint au verbe par l'intermédiaire d'un petit mot, que nous étudierons plus tard. Chercher dans la leçon les compléments et les attributs et les écrire en colonnes.

3. Calcul oral et écrit. Division. — Le nombre qu'on partage s'appelle *dividende*, celui qui exprime le nombre de parts à faire *diviseur*, et celui que l'on cherche *quotient*, qui veut dire combien de fois. Soit 48 pommes à partager entre 8 enfants. La part de chacun répétée 8 fois doit donner 48. Or, 8 fois 6 égale 48. Donc chacun aura 6 pommes. Partager 9, 12, 15, 18, 21, 24, 27, 30 sous entre 3 enfants. — Réponses aux moyens de la table et preuves au moyen des buchettes.

---

8. La Dispersion des Juifs.

Jésus avait dit : « Lorsque vous verrez une armée environner Jérusalem, sachez que la désolation est proche... Ce seront les jours de la vengeance, afin que tout ce qui est écrit dans l'écriture s'accomplisse. Ce pays sera accablé de maux, et la colère de Dieu tombera sur ce peuple! Ses habitants seront amenés captifs chez toutes les nations, et Jérusulem sera foulée aux pieds par les Gentils, jusqu'à ce que le temps des nations soit accompli. »

Ce récit est confirmé par les historiens Josèphe et Tacite qui parlent de cette guerre des Juifs contre les Romains.

Il n'y avait point de villes dans la Judée qui ne fussent agitées de divisions domestiques. Il s'était formé dans Jérusalem trois factions qui se déchiraient mutuellement, et ne se réunissaient que contre l'ennemi commun qui était à leurs portes. Le sang coulait à grands flots jusque dans le temple; les sacrificateurs étaient immolés avec ceux qui offraient les victimes.

En vain Josèphe, au nom de Titus qui assiégeait la ville avec une armée romaine, exhorte-t-il plusieurs fois les Juifs à se rendre; en vain leur crie-t-il : « Sauvez la cité sainte! Sauvez le temple, la merveille du monde que Titus ne voit périr qu'à regret; toutes ces instances n'inspirent aux Juifs que plus d'audace. Titus jure d'ensevelir sous ses ruines une ville si détestable. Il veut cependant que l'on conserve le temple, mais on ne défère point à ses ordres, et un soldat y met le feu.

Notes et Devoirs

1. Réciter et copier la première moitié de la leçon et dicter la deuxième moitié après lecture.

2. Chercher six mots sur chacune des terminaisons suivantes : *ure, ance, ence, eur.*

3. Conjuguer un verbe, c'est le réciter ou l'écrire avec les différentes terminaisons qu'il prend pour marquer les personnes, le nombre, les temps et les modes. Le *radical* est la partie du verbe qui ne change pas dans les verbes réguliers. C'est ce qui reste du verbe après en avoir retrancher la terminaison : *plant*-er, *fin*-ir.

4. Calcul oral et écrit. — Partagez 4, 8, 12, 16, 20, 24, 28, 32, 36, 40 sous entre 4 pauvres ; 5, 10, 15, 20, 25, 30, 35, 40, 45, 50 fagots de bois entre 5 pauvres ; 6, 12, 18, 24, 30, 36, 42, 48, 54, 60 francs entre 6 ouvriers. — Réponses au moyen de la table et preuve matérielle au moyen des buchettes. — Multipliez 7432 par 79 et 9347 par 864.

---

9. La Dispersion des Juifs (*suite*).

Josèphe fait monter le nombre de ceux qui furent faits prisonniers dans cette guerre, à quatre-vingt-dix-sept mille ; et, selon lui, le siége de Jérusalem coûte la vie à onze cent mille hommes. Une foule de Juifs rassemblés de tous les pays, pour célébrer la Pâque, s'étaient trouvés enveloppés dans cette guerre ; mais, les Chrétiens, comme nous l'apprend Eusèbe, instruits par les prédictions de leur divin maître, se retirèrent dans ces entrefaites à Pella, situé dans un pays de montagnes, sur les confins de l'Arabie et de la Judée.

L'empereur Julien voulut, par la suite, démentir les prophéties de Jésus sur les Juifs, et résolut de faire rebâtir le temple à ses frais.

Mais pendant qu'Alypius, secondé du gouverneur de la province, pressait extrêmement l'ouvrage, de terribles globes de feu s'élancèrent près des fondements, et rendirent ce lieu inaccessible aux voyageurs, de sorte qu'on fut contraint de se désister de l'entreprise.

C'est Ammien Marcellin, ami et très-partisan de Julien, qui nous raconte ce fait.

C'est ainsi que la puissance de Dieu s'est manifestée. La punition si éclatante qui est tombée sur les Juifs, ne devait pas se borner à la ruine de Jérusalem et de son temple. Ils subsistent, dispersés sur toute la surface de la terre, sans pouvoir se réunir en un corps de nation. Ce fait, au point de vue religieux, est un des plus concluants que nous ait légués l'histoire, puisque chacun peut encore le constater.

Notes et Devoirs.

1. Copier la première moitié de la leçon et dicter la deuxième moitié.

2. Conjugaison des temps simples des quatre conjugaisons. — Présent de l'indicatif :

1re Conjug.	2e Conjug.	3e Conjug.	4e Conjug.
e	is	ois	s
es	is	ois	s
e	it	oit	d ou t
ons	issons	evons	ons
ez	issez	evez	ez
ent	issent	oivent	ent

Conjuguez au présent de l'indicatif parl-*er*, fin-*ir*, rec-*evoir*, rend-*re*, en ajoutant au radical, les terminaisons de chaque personne.

3. Calcul oral et écrit. — Partagez 7, 14, 21, 28, 35, 42, 49, 56, 63, 70 fr. entre 7 ouvriers; — 8, 16, 24, 32, 40, 48, 56, 64, 72, 80 livres entre 8 élèves ; — 9, 18, 27, 36, 45, 54, 63, 72, 81, 90 moutons entre 9 bergers. — Réponses au moyen de la table, et preuve matérielle au moyen de buchettes ou de graines. — Multiplier 790348 par 803 et 740348 par 793.

---

10. Les Pères de l'Église. Saint Basile.

Le paganisme, longtemps persécuté, était encore redoutable, même après que Constantin eût fait régner l'Evangile.

Quand les ressorts de l'autorité furent affaiblis, quand les barbares menaçaient de tous côtés l'empire romain qui ne se défendait plus que par la discipline militaire, une éloquence nouvelle naquit avec une nouvelle religion, qui, des prisons et des échafauds, monta sur le trône des Césars.

Un nouvel ordre d'idées et de sentiments à développer, une foule d'obstacles à combattre et d'adversaires à confondre, la nécessité de vaincre par la persuasion et l'exemple, qui étaient les seules forces de la religion naissante : voilà ce qui dut animer le génie des fondateurs du christianisme.

Il s'en fallait de beaucoup que Celse et Porphyre pussent balancer la dialectique d'un Tertullien, la science d'un Origène, ni les talents d'un Augustin et d'un Chrysostome. (LA HARPE.) Nous dirons quelques mots sur chacun des principaux pères de l'Eglise.

Saint Basile, ayant d'abord exercé avec distinction la profession d'avocat, renonça bientôt au monde et se retira dans une solitude du Pont, où il fonda un monastère. En 370, il fut nommé, malgré sa résistance, évêque de Césarée, en Cappadoce (Asie Mineure). Quand il mourut, tout le peuple de la province accourut à ses funérailles. Les païens, les Juifs, le disputaient aux Chrétiens par l'abondance de leurs larmes, car il avait été le bienfaiteur de tous.

Notes et Devoirs.

1. Copier et résumer oralement la première moitié de la leçon et dicter la deuxième moitié, après lecture attentive par les élèves.

2. Chercher les verbes formés par les mots suivants : allure, armure, blessure, brûlure, confiture, créature, figure, gravure, lecture; — vengeance, résistance, obéissance, naissance, ignorance, espérance; — semence, exigence, existence, résidence, négligence, patience, préférence; — voyageur, travailleur, protecteur, plaideur, parleur, glaneur, joueur. (V. leç. 8.)

3. Chercher six verbes de la leçon et les conjuguer au présent de l'indicatif.

4. Calcul oral et écrit.—Pour faire comprendre ce que c'est qu'un demi, un quart, un cinquième, etc., prenez une pomme, coupez-la en 2, 4, 5 parties, etc., et dites le nom de chaque partie. — Partager 4, 8, 12 fr., etc., entre 2, 3, 4 personnes, c'est prendre la moitié, le tiers, le quart de 4, 8, 12 fr. — Pour trouver, par exemple, la moitié de 4, 6, 12, etc., il suffit de se rappeler par quel nombre il faut multiplier 2 pour avoir 4, 6, 12, etc. — Multiplier 47378 par 743.

11. Les Pères de l'Église (*suite*).

Saint Grégoire de Nazianze, ami et disciple de saint Basile, d'abord évêque du bourg de Sasima, en Cappadoce, gouverna ensuite comme coadjuteur l'église de Nazianze; en 376, il vint à Constantinople, où il opéra un grand nombre de conversions parmi les Ariens, qui étaient hérétiques.

L'empereur Théodose se déclara son protecteur, l'éleva au siége archiépiscopal de Constantinople et assembla un concile dans cette capitale pour faire confirmer cette élection.

Mais, bientôt, les Ariens attaquèrent le nouvel archevêque, et Grégoire, abandonné de l'empereur même, se démit de ses fonctions, Il vécut dès lors dans la solitude, se livrant à la composition de nombreux ouvrages qui l'ont fait surnommer le *Théologien*, et il mourut, vers l'an 309, près du bourg où il état né.

Saint Jean Chysostôme, d'abord avocat, se dégoûta bientôt de cette carrière, et se voua tout entier à l'étude des Ecritures et à la pratique des austérités chrétiennes.

Aprés six années de solitude, il fut ordonné prêtre à Antioche, sa ville natale. Il se fit une telle réputation d'éloquence et de sainteté, que l'empereur Arcadius le choisit pour l'élever au siége de Constantinople.

Il rendit plusieurs services à l'empereur, et apaisa des révoltes par l'ascendant qu'il avait sur la multitude; il se signala par l'abondance de ses aumônes et par son zèle. Mais, ayant déplu à l'impératrice Eudoxie, femme avide et corrompue, il fut déposé et exilé. Il succomba en se rendant au lieu de son exil et mourut en 407.

Notes et Devoirs.

1. Copier la première moitié de la leçon et dicter la deuxième moitié.

2. On reconnaît le *sujet* en faisant, sur le verbe, la question *qui?* — Jean écrit, je laboure, tu chantes, il marche, elle coud. Qui écrit? Jean. — Qui laboure? Je. — *Jean, je, tu, il, elle* sont des sujets. Le nom de la personne qui parle est remplacé par *je;* le nom de celle à qui l'on parle par *tu;* le nom de celle de qui l'on parle par *il, elle.* Or, ces petits mots qui remplacent le nom, s'appellent *pronoms* (pour le nom). Chercher dans la leçon douze verbes de la première conjugaison et indiquer si les sujets sont des noms ou des pronoms.

3. Calcul oral ou écrit.—Prendre le $\frac{1}{2}$, le $\frac{1}{3}$, le $\frac{1}{4}$ et le $\frac{1}{5}$.

Quel est la $\frac{1}{2}$ de	Quel est le $\frac{1}{3}$ de	Quel est le $\frac{1}{4}$ de	Quel est le $\frac{1}{5}$ de
2 mètres.	3 francs.	4 litres.	5 gram.
4	6	8	10
6	9	12	15
8	12	16	20
10	15	20	25
12	18	24	30
14	21	28	35
16	24	32	40
18	27	36	45
20	30	40	50

---

12. Les Pères de l'Église (*suite*).

Saint Augustin, qui d'abord avait été un professeur célèbre, mena, pendant sa jeunesse, une vie fort dissipée. Sa mère, qui pleurait jour et nuit sur les erreurs d'un fils qu'elle aimait si tendrement, suppliait les évêques chrétiens de le voir et de le ramener. L'un d'eux lui dit cette belle parole : « Allez en paix, et continuez à prier pour lui ; car il est impossible qu'un fils pleuré avec tant de larmes périsse jamais. »

Augustin, touché des paroles de saint Amboise, qui fit tous ses efforts pour l'éclairer, se retira dans la solitude, et fixa dans le christianisme la longue inquiétude de son esprit et de son cœur.

Il a raconté lui-même, dans ses *Confessions*, les troubles et les combats intérieurs qui précédèrent sa conversion. Un jour, le visage troublé, il saisit Alype, son ami, en s'écriant : « Où sommes-nous? Les ignorants se hâtent et ravissent le ciel; et nous, avec nos sciences sans cœur, nous nous roulons dans la chair et le sang. » Et il s'élança loin de lui, se jeta à terre, sous un figuier, en donnant un libre cours à ses larmes. O Seigneur, disait-il, jusques à quand t'irriteras-tu contre moi. Ne te souviens plus de mes anciennes iniquités. » Pendant ce temps, il entendit dans les airs une voix qui répétait ces mots : «Prends, lis ; prends, lis. » Il revint vers Alype, prit le livre de saint Paul, qu'il y avait laissé, et ses yeux tombèrent sur ce passage : « Ne vivez pas dans les festins, dans les plaisirs, dans la jalousie et la dispute; mais revêtez-vous de Jésus-Christ. » Ce fut un trait de lumière, et Augustin devint ce grand père de l'Eglise, si célèbre par ses vertus et son éloquence.

Notes et Devoirs.

1. Copier et réciter la première moitié de la leçon et dicter la deuxième moitié.

2. Résumer par écrit ce qu'on doit penser sur la Bible et l'Evangile. (Leç. 1 et 2.)

3. On appelle pronoms *personnels* ceux qui servent à remplacer les noms des personnes grammaticales. Ce sont : *je*, *me*, *moi*, *vous* pour la première personne ; *tu*, *te*, *toi*, *vous* pour la seconde ; *il*, *elle*, *se*, *soi*, *ils*, *elles*, *eux*, *lui*, *leur* pour la troisième personne. Les pronoms sont toujours du même genre et du même nombre que les noms dont ils tiennent la place. — Chercher les pronoms personnels de la leçon et en dire le genre et le nombre.

4. Division. Prenez 2, 4, 6, etc., buchettes et démontrez matériellement qu'en prenant la moitié, le tout se trouve partagé en parties égales : la $\frac{1}{2}$ de □□ □□ est 2 parce que 2 fois 2 font 4 ; le $\frac{1}{3}$ de □□□ □□□ est 2 parce que 3 fois 2 font 6, etc. — Démontrez ainsi tous les cas de la leçon précédente et faites réciter tout le tableau. — Multiplier 47832 par 9743.

---

13. Dieu et ses œuvres.

Dieu s'est défini lui-même avec une précision aussi simple que sublime : *Je suis celui qui est.* Il est celui qui est, car en lui tout est substance ; par lui tout est vie. La puissance, c'est lui ; la fécondité, c'est lui ; l'activité, c'est encore lui. Il est celui qui est, car il pense, et c'est parce qu'il pense, que les réalités sont ; il parle, et, c'est parce qu'il parle, que les réalités existent ; il veut, et c'est parce qu'il veut que les réalités agissent. Leur être est dans sa pensée, leur vie est dans sa parole, leur action est dans sa volonté.

L'ordre, c'est sa sagesse qui assemble, qui pèse, qui nombre, qui mesure ; la variété, c'est son infini qui se joue dans les formes de l'univers ; la beauté, c'est une ombre qu'il empreint de sa divinité ; la grâce, c'est son amour qui donne le mouvement à la beauté ; le charme, c'est l'effet de son amour, c'est l'amour avec sa joie, c'est l'espérance d'aimer toujours.

Il a regardé, il a vu l'espace en lui, et a limité le lieu des mondes dans l'espace; il a regardé, il a vu l'éternité en lui, et il a détaché le temps de son éternité pour fixer aux mondes leurs époques mobiles, leurs destinées passagères; et, pleins de leurs causes vivantes et de leurs effets animés, les mondes ont trouvé dans sa substance le lieu de leur être, la voie de leur mouvement, le commencement, le cours et le terme de leur durée. (BERGASSE, célèbre avocat du dix-huitième siècle.)

Notes et Devoirs.

1. Copier la leçon et la réciter en entier.
2. Résumer les principaux miracles de Moïse et de Jésus.
3. Les pronoms personnels *je*, *tu*, *il*, sont toujours sujets; les autres, excepté *elle*, sont toujours compléments directs ou indirects. Ils sont compléments directs quand ils répondent à la question *qui?* ou *quoi?* faite après le verbe; et *indirects*, s'ils répondent à la question *à qui* ou *à quoi*. — Chercher dans la leçon les verbes de la dexième, troisième et quatrième conjugaison et les conjuguer au présent de l'indicatif.
4. Division. Prendre le $\frac{1}{6}$, le $\frac{1}{7}$, le $\frac{1}{8}$, le $\frac{1}{9}$.

	6 mètres.		7 francs.		8 sous.		9 cent.
	12		14		16		18
	18		21		24		27
	24		28		32		36
Quel est	30	Quel est	35	Quel est	40	Quel est	45
le $\frac{1}{6}$ de	36	le $\frac{1}{7}$ de	42	le $\frac{1}{8}$ de	48	le $\frac{1}{9}$ de	54
	42		49		56		63
	48		56		64		72
	54		63		72		81
	60		70		80		90

Dans la première colonne, partagez chaque nombre en 6 parties, dans la deuxième en 7, dans la troisième en 8, dans la quatrième en 9 parties : le $\frac{1}{6}$ de 6 est 1; le $\frac{1}{6}$ de 12 est 2, etc.

---

14. Les Facultés de l'âme.

On distingue dans notre âme trois facultés : l'intelligence, la sensibilité et la volonté.

Il ne suffit pas que notre intelligence soit suffisamment éclairée pour voir la *vérité*, il faut encore que notre sensibilité soit assez bien dirigée pour aimer le *bien*, et notre volonté assez forte pour vouloir ce que Dieu veut, c'est-à-dire l'accomplissement de notre destinée.

De là, la nécessité de nous connaître nous-même, d'étudier notre caractère, de nous posséder et de dompter nos mauvais penchants.

Les hommes, divers et inégaux par les talents et les aptitudes autant que par les visages, les rangs et les fortunes, ne sont égaux que par la *volonté*.

Cette égalité, la seule vraie, est aussi la seule bonne et la seule possible. C'est celle-là que les institutions modernes proclament. L'égalité civile est, en effet, une égalité de droits et de devoirs : c'est pour chacun une égale responsabilité de ses actes devant la loi, c'est-à-dire un pouvoir égal et une obligation pour tous de vouloir le bien, dans quelque condition et à quelque rang que ce soit. Tous les hommes se confondent dans la possession commune de ce titre inaliénable, la puissance de vouloir, et, par un bon usage de cette puissance, celle de mériter.

Notes et Devoirs

1. Copier et réciter la première moitié de la leçon et dicter la deuxième moitié.

2. Résumer ce qu'on pense des quatre grands empires prédits par Daniel. — Devoir écrit.

3. Les noms sont en général précédés de petits mots qu'on appelle *articles*. On distingue 6 classes d'articles; savoir : articles *définis :* le, la, les, du, des, au, aux; *indéfinis :* un, une, des; *démonstratif :* ce, cet, cette, ces; *possessifs :* mon, ton, son, ma, ta, sa, notre, votre, leur, nos, vos, leurs; *numéraux :* un, deux, trois, etc.; premier, deuxième, etc.; *interrogatifs :* quels, quelle, quels, quelles. — Chercher le genre et le nombre de chacun de ces articles et y joindre un nom différent dans chacun, en formant une phrase.

4. Division. Puisque □□□ (3) fois □□□ (3) font

□□□
□□□
□□□ 9, 9 contient 3, 3 fois; 4 contient 2, 2 fois;

□□
□□ contient □
□, 2 fois; etc.

Combien de fois?

4 mètres carrés	contiennent-ils		2 mètres carrés?	
9	—	—	3	—
16	—	—	4	—
25	—	—	5	—
36	—	—	6	—
49	—	—	7	—
64	—	—	8	—

15. Les Connaissances humaines.

Les connaissances humaines forment un domaine presque sans borne, que les divers esprits se partagent et cultivent avec des procédés inconnus, avec des produits différents.

Ce qui perdra toujours la foule, c'est l'orgueil; c'est qu'on ne pourra jamais lui persuader qu'elle ne sait rien au moment où elle croit tout savoir.

Il est sans doute fâcheux de manquer d'instruction, mais il est bien plus fâcheux encore de manquer de *bon sens*.

Peu de gens se représentent le système entier de l'instruction primaire comme l'unique et solide fondement de l'instruction supérieure que doivent recevoir, dans la suite, les intelligences destinées à gouverner la société.

En effet, en imprimant à l'enseignement primaire un caractère essentiellement pratique, l'enfant de dix à onze ans parlera et écrira assez correctement notre langue; il aura le goût des lectures sérieuses et instructives; il saura résoudre avec promptitude et facilité les petits calculs du ménage; il aura des idées saines sur la morale et la religion; il connaîtra en gros les opérations industrielles; son esprit sera, en conséquence, ouvert et préparé pour les études *théoriques*.

Il n'aura appris sur chaque sujet que ce qui s'applique et doit être retenu : c'est peu, mais c'est assez.

Les enfants ainsi dirigés, sentiront à douze ans leurs aptitudes, et ceux qui seront destinés à pousser leurs études jusqu'au bout, ne seront jamais rebutés par l'aridité des *théories*, dont ils ne sentent jamais l'utilité s'ils n'y ont pas été préparés par des études *pratiques* préalables.

Notes et Devoirs

1. Copier la première moitié de la leçon et dicter la deuxième après.

2. Résumer par écrit ce qu'on sait sur Jésus et sa doctrine.

3. Chercher six noms sur chacune des terminaisons suivantes : *ité, esse, oir.*

4. Chercher les articles de la leçon, en dire la classe, le genre et le nombre.

5. Division. — On récapitule les exercices précédents de la manière suivante, en faisant remarquer les restes, s'il y en a.

Combien de fois?

12	mètres carrés contiennent-ils	3, 2, 4, 5, 6	mètres carrés.
23, 27, 25	—	3, 4, 5, 6, 7, 8, 9	—
34, 36	—	4, 5, 6, 7, 8, 9	—
45, 49	—	5, 6, 7, 8, 9	—
56, 51	—	6, 7, 8, 9	—
67, 63	—	7, 8, 9	—
70, 73, 77	—	8, 9	—
89, 87	—	9	—

16. Les Habitudes et les Exemples.

Les habitudes contractées dès l'âge le plus tendre sont, sans contredit, les plus fortes. Nos premières affections sont encore les dernières. Elles nous accompagnent au milieu des événements dont nos jours sont mêlés; elles reparaissent dans la vieillesse, et nous rappellent alors les époques de l'enfance avec encore plus de force que l'âge viril.

Les premières habitudes influent même sur les animaux, jusqu'à détruire en eux l'instinct naturel. Lycurgue en montra un exemple frappant aux Lacédémoniens dans deux chiens de chasse, dans l'un desquels l'éducation avait tout à fait triomphé de la nature.

L'habitude des penchants, bons ou mauvais, fait le *caractère*, comme l'habitude des mouvements gracieux ou désagréables fait la *physionomie*.

L'exemple est le plus éloquent des sermons. Chacun prétend donner des leçons, mais peu s'étudient à donner des exemples.

Le mauvais exemple nuit autant à la santé de l'âme que l'air contagieux à la santé du corps.

La foule n'a point d'autre loi que les exemples de ceux qui commandent. On persuade toujours très-facilement quand on fait ce que l'on conseille.

Notes et Devoirs.

1. Dicter la première moitié de la leçon et réciter la deuxième moitié.

2. Résumer par écrit ce qu'on sait de la dispersion des Juifs.

3. Chercher les verbes formés par les mots suivants : activité, utilité, régularité, prospérité, moralité, humilité, fraternité ; — justesse, mollesse, noblesse, souplesse, tristesse, caresse, bassesse ; — arrosoir, comptoir, abattoir, dortoir, encensoir, parloir, pressoir, sarcloir, semoir. (Leç. 15.)

4. On distingue six espèces de pronoms : pronoms *personnels*, *possessifs*, *démonstratifs*, *indéfinis*, *relatifs*, *interrogatifs*. — Le pronom possessif remplace un nom accompagné d'un article possessif ; il renferme une idée de possession : le mien, le tien, le sien, le nôtre, le vôtre, le leur. — Chercher le féminin et le pluriel de chacun de ces pronoms.

5. Calcul oral et écrit. — Le nombre 2m4 peut s'écrire 2m40 ou 2m400, parce que dans 4 décimètres il y a 40 centimètres ou 400 millimètres. Donc, en ajoutant un zéro à la droite d'un nombre décimal, on ne change pas la valeur de ce nombre. Repasser les exercices précédents pour se préparer à la division écrite.

---

17. L'Étude et la Curiosité.

Cicéron a écrit en belles et touchantes paroles, que l'étude console la vie ; chacun sait, en effet, que l'homme ne perfectionne sa raison et ne forme son cœur que par l'*étude*, qu'il ne faut pas confondre avec *les études*. Celles-ci forment un cours préliminaire d'exercices sur les divers objets scientifiques que l'*étude* aura plus tard à approfondir. Mais qu'il y a peu d'hommes aujourd'hui qui sachent étudier et jouir des bienfaits de l'étude.

On veut tout savoir et tout comprendre sans avoir rien appris. On a cherché à ôter aux études ce qu'elles ont de pénible. N'espérez pas former votre esprit sans le soumettre à la condition du travail. Etudiez, non pour savoir plus, mais pour savoir mieux que les autres. Tous les grands hommes du siècle de Louis XIV étaient élèves à trente ans : aussi ils ont consciencieusement approfondi la science où les portait la vocation de leur génie.

...orte sur les choses annonce de l'é-...ent, comme celle qui ne porte que ... est une marque de petitesse.

...té que l'homme doit toutes ses con-... connaître, est un penchant inné chez ... enfants sont autant de voyageurs arrivés ... dans un pays étranger, qui leur est en-... inconnu. C'est pourquoi il ne faut jamais se ... des questions les plus naïves qu'ils peuvent ... doit, au contraire, répondre avec bonté et se ... autant que possible à la portée de leur jeune in-...ce.

Notes et Devoirs.

...er la première moitié de la leçon et dicter la ... moitié.

...mer par écrit ce qu'on sait sur les pères de

... pronoms *démonstratifs* remplacent un nom qui ... une idée de démonstration. Ce sont : *ce*, qui a ... *cela*, et *celui*, *celle*, *ceux*, *celles*, qui en forment ...res en ajoutant *ci* et *là*.

...hercher dans la leçon les pronoms personnels, ...sifs et démonstratifs, et dire s'ils sont sujets ou ...éments.

...vision écrite. Premier cas : soit 2652 fr. à parta-... trois héritiers :

...3 Je prends à la gauche du dividende autant de chiffres qu'il faut pour contenir le divi... seur, et je partage les 26 centaines; chacun en aura 8, car $3 \times 8 = 24$; puis les dizaines qui restent, 25; chacun en aura 8, car $3 \times 8 = 24$; je partage enfin les unités au nombre de 12, et chacun en a 4. Si la division est juste, il faut que la part de chacun, mul-... par 3, donne 2652 fr. Or, 884 fr. $\times 3 = 2652$.

---

12. Le Cœur et la Sensibilité.

... point de vue moral, l'étude du cœur humain est ...me. Nul mérite, nul talent, ne peuvent tenir lieu ... bon cœur.

... n'a guère vu arriver de malheur à quelqu'un pour ... pas étudié ce qui se passait dans l'âme d'un autre; mais, quant à ceux qui n'ont jamais étudié les mouvements de leur cœur, c'est une nécessité qu'ils soient malheureux. » (MARC-AURÈLE.)

« Dieu seul a de quoi fixer les agitations et les désirs insatiables du cœur humain. » (MASSILLON.)

La bonté est un caractère; l'humanité une vertu; la sensibilité une qualité de l'âme.

L'humanité cherche le malheureux ; la bonté le trouve; la sensibilité court au-devant de lui.

L'humanité le soulage ; la bonté le console et le plaint ; la sensibilité souffre et pleure avec lui.

L'enfance se distingue par une douce et tendre sensibilité. Il ne s'agit que de la diriger.

Le murmure des vents, un ruisseau qui s'enfonce dans l'ombre épaisse d'un bois, un coteau qui nous montre des chaumières rares et isolées, la nature qui s'embellit au printemps et se dépouille en hiver, une vaste plaine couverte d'une moisson dorée, que le vent secoue comme les ondes de la mer; un nuage qui s'élève comme un géant, le spectacle d'une nuit étoilée, la pensée de l'immortalité de l'âme et la perspective de l'éternité : voilà ce qui procurera des émotions ineffables à un cœur bien né et à toute âme candide.

Notes et Devoirs.

1. Dicter la première moitié de la leçon, copier et réciter la deuxième moitié.

2. Les pronoms *indéfinis* ne désignent que d'une manière vague et indéterminée les objets désignés par les noms dont ils tiennent la place. Ce sont : *on, quiconque, tous, autrui, personne, rien* (invariables) ; *aucun, chacun, l'un, l'autre, quelqu'un, quelque autre*, etc. (variables).

3. Distinguer, dans la leçon, les articles et les pronoms déjà connus et en dire le genre et le nombre.

4. L'addition de deux ou de plusieurs nombres s'indique par le signe +; la soustraction, par le signe —; la multiplication par le signe ×; la division, par le signe : ou bien en séparant le dividende et le diviseur par une ligne droite $\frac{12}{4}$ ou 12 : 4. Le résultat de chaque opération s'indique par le signe =. Ainsi $\frac{12}{4} = 3; 3 \times 4 = 12; 4 - 3 = 1; 4 + 3 = 7.$

Diviser 793864 par 2, puis par 4.

19. La Morale et le Bien.

En morale, on nomme *bien* tout ce que l'homme peut rechercher, et l'on distingue le *bien physique*, qui comprend tout ce qui peut être utile ou agréable à l'homme, et le *bien moral*, c'est-à-dire le bon, l'honnête, qui comprend tout ce que l'homme approuve, tout ce qui est conforme à l'ordre, au devoir.

« Le meilleur moyen de trouver ce qui est bien est de le chercher sincèrement ; et l'on ne peut longtemps le chercher ainsi sans remonter à l'auteur de tout bien. » (J.-J. ROUSSEAU.)

« Les méchants se donnent la main pour faire le mal ; les bons ne devraient-ils pas se la donner pour faire le bien ? » (SILVIO PELLICO).

« Nous n'emportons de cette vie que la perfection que nous avons donnée à notre âme, nous n'y laissons que le bien que nous avons fait. » (JOUFFROY.)

La *morale* est l'art de bien vivre et d'être heureux ; elle nous enseigne à mettre nos besoins en harmonie avec nos devoirs. Elle élève un tribunal plus haut et plus redoutable que celui des lois : elle veut non-seulement que nous paraissions vertueux, mais que nous le soyons, car elle ne se fonde pas sur l'estime publique, qu'on peut surprendre, mais sur notre estime propre, qui ne nous trompe jamais.

« Un cœur parfaitement droit n'admet pas plus d'accomodement en morale qu'une oreille juste n'en admet en musique. » (DE LÉVIS.)

Notes et Devoirs.

1. Dicter la première moitié de la leçon et réciter la deuxième moitié.

2. Les pronoms *relatifs* servent à mettre en relation ou en rapport deux propositions, en tenant dans la deuxième la place d'un mot énoncé dans la première, et qu'on appelle *antécédent*. Ce sont : *qui*, *que*, *quoi*, *dont* (invariables) et *lequel*, *laquelle*, *lesquels*, *lesquelles*, dont on forme huit autres avec les articles *du*, *des*, *au*, *aux* ; *duquel*, *auquel*, etc. — Chercher les pronoms relatifs de la leçon et dire s'ils sont sujets ou compléments.

3. Calcul et système métrique. Prenez un mètre et remarquez qu'il est divisé en 10 décimètres, 100 centimètres et 1000 millimètres. Mesurez des tables, des planches, des portes ; faites *écrire* et lire les résultats. Soit $4^{m}60$

une longueur trouvée ; on peut lire et écrire ce nombre comme il suit : 4m60 ; 46 décimètres ; 460 centimètres ; 4600 millimètres. — Soit 54 décamètres : on peut l'écrire ainsi : 5 hectomètres 4 ; 54 décamètres ; 0 kilomètres 54 ; 540 mètres ; 5400 décimètres, etc.

4. Divisions à effectuer :

973643 : 5 =

846235 : 7 =

$$\frac{486043}{6} =$$

20. Amitié et Constance.

La vie humaine, sans l'amitié pour compagne et pour appui, serait une affreuse solitude. Si nous portons nos regards sur nos défauts et nos vices, nous reconnaîtrons que l'ami dont nous avons besoin est, non celui qui nous loue, mais celui qui nous parle avec liberté et sincérité.

« L'amitié est un baume qui adoucit les chagrins de la vie, et conserve cette pureté de l'âme qui prépare à l'immortalité. » (ECCLÉSIASTE.)

« Il vaut mieux découdre que déchirer, » disait le vieux Caton, en parlant de la séparation de deux amis.

C'est dans le malheur qu'on connaît les vrais amis.

L'homme inconstant entreprend beaucoup et ne finit rien, et il oublie trop souvent que pierre qui roule n'amasse pas mousse.

Après avoir travaillé, il n'a produit que du désordre ; on rit de ses projets ; personne ne s'empresse de lui aider ou de lui obéir, parce qu'on doute s'il voudra le lendemain ce qu'il a voulu la veille. Suspendre un travail pour le reprendre, n'est pas l'abandonner parce qu'on n'en veut plus. Il y a plus de constance à revenir à un ouvrage commencé, après avoir été forcé de l'interrompre, qu'à ne pas le discontinuer.

Notes et Devoirs.

1. Réciter la première moitié de la leçon et dicter la deuxième moitié.

2. Les pronoms relatifs *qui, que, quoi,* sont quelquefois interrogatifs, et alors ils n'ont pas d'antécédent : Qui a dit cela ? Que demandez-vous ?

3. Chercher les pronoms de la leçon et en dire le genre et le nombre. Réciter les terminaisons du présent de l'indicatif dans les quatre conjugaisons.

2. Système métrique. Mètre. — La loi n'autorise que huit mesures réelles de longueur : le *décamètre* et son *double*, le *mètre*, le *double-mètre* et le *demi-décamètre ;* le *décimètre*, le double décimètre et le demi-mètre. — Combien un hectomètre contient-il de fois chacune de ces mesures.

Divisions à effectuer :

$\frac{100^{\text{mètres}}}{10}$, $\frac{100^{\text{mètres}}}{20}$, $\frac{100^{\text{mètres}}}{1}$, $\frac{100^{\text{mètres}}}{2}$, $\frac{100^{\text{mètres}}}{5}$, $\frac{1000^{\text{décim.}}}{1}$,

$\frac{1000^{\text{décim.}}}{2}$, $\frac{1000^{\text{décim.}}}{5}$, $\frac{8643503}{8} =$

21. Fermeté et Courage.

La fermeté, qui imprime à nos doctrines, à nos desseins, à nos actions, une suite, une persévérance que rien ne peut ébranler, a des rapports avec le courage et l'entêtement.

L'homme de sens et d'esprit est ferme ; le sot n'est qu'entêté.

« J'aime les hommes faciles, faibles, si l'on veut, sur les choses indifférentes et dans le détail de la vie, et qui réservent leur fermeté pour les grandes occasions ; assez souvent les gens roides sur les petits intérêts, sont faciles, et même faibles sur les choses importantes. » (DE BONALD.)

« Le vrai courage est toujours ce qu'il doit être ; il ne faut ni l'exciter ni le retenir ; l'homme de bien le porte toujours avec lui : au combat, contre l'ennemi, dans un cercle, en faveur des absents et de la vérité, dans son lit, contre les attaques de la douleur et de la mort. » (J.-J. ROUSSEAU.)

Le courage moral consiste dans l'empire de l'homme sur ses passions ; il est le fruit d'une éducation intellectuelle qui lui a donné de la modération dans les désirs et l'habitude de mettre ses besoins en harmonie avec ses devoirs. Dans les grands dangers, le courage héroïque est tout à fait naturel, et beaucoup plus ordinaire que le courage moral dans les petites tracasseries de la vie.

Notes et Devoirs.

1. Copier la première moitié de la leçon et dicter la deuxième moitié.

2. Imparfait de l'indicatif des quatre conjugaisons.

1re Conjug.	2e Conjug.	3e Conjug.	4e Conjug.
ais	issais	evais	ais
ais	issais	evais	ais
ait	issait	evait	ait
ions	issions	evions	ions
iez	issiez	eviez	iez
aient	issaient	evaient	aient

Conjuguez à l'imparfait : parl-*er*, fin-*ir*, rec-*evoir*, rend-*re*, en ajoutant au radical les terminaisons correspondantes.

3. Calcul et système métrique. — Combien de fois 2, 3, 4, 5, 6, etc. hectomètres contiennent-ils chacune des mesures réelles de longueur? Voyez la leçon précédente et mettez au dividende des huit premières divisions, successivement 2, 3, 4, 5, 6, etc., au lieu du chiffre 1, et effectuez ces divisions, vous aurez les réponses demandées.

$\frac{200 \text{ mètres}}{10}$, $\frac{200 \text{ mètres}}{20}$, $\frac{200 \text{ mètres}}{1}$, $\frac{200 \text{ mètres}}{2}$, $\frac{200 \text{ mètres}}{5}$, etc.

$\frac{300 \text{ mètres}}{10}$, $\frac{300 \text{ mètres}}{20}$, $\frac{300 \text{ mètres}}{1}$, $\frac{300 \text{ mètres}}{2}$, $\frac{300 \text{ mètres}}{5}$, etc.

22. La Sincérité et le Secret.

La sincérité est toujours louable, mais elle doit être prudente. On est obligé de parler toujours sincèrement, mais on n'est pas toujours obligé de parler.

« Parler avec sincérité des choses sur lesquelles on doit se taire, c'est manquer de prudence, d'honnêteté et de charité. » (Fléchier.)

« La ruse annonce moins d'esprit que de faiblesse. » (Bacon.)

Le flatteur n'a pas la véritable sincérité qui est utile; il a toutes les figures, il prend toutes les couleurs, il revêt toutes les formes; c'est sur un autre qu'il se moule; mais cette ruse ne peut pas tenir longtemps contre la sincérité.

« L'homme qui viole les secrets de l'amitié ne saurait plus inspirer de confiance; il ne trouvera plus d'amis selon son cœur. » (Ecclésiaste.)

Il ne faut pas communiquer indifféremment son secret à tous ses amis; il en est peu qui soient dignes de garder un tel dépôt.

Comment prétendons-nous qu'un autre garde notre secret, si nous ne pouvons le garder nous-mêmes.

On a déjà trop dit d'un secret à celui à qui l'on croit devoir en dérober une circonstance.

Notes et Devoirs.

1. Copier la première moitié et dicter le reste de la leçon.
2. Réciter l'imparfait de l'indicatif des verbes *parler, finir, recevoir, rendre*.
3. Chercher les verbes de la leçon et conjuguer à l'imparfait ceux de la deuxième et quatrième conjugaison.
4. Mettre en colonnes les pronoms de la leçon et dire de quels verbes ils sont sujets ou compléments.
5. Calcul et système métrique. — Tracez à lœil, sur le cahier ou le tableau noir, une ligne donnée : 2 centimètres, 4 millimètres, 2 décimètres, etc. — jugez à l'œil de la longueur d'une table, d'une salle, etc., et vérifiez avec le mètre. — Dans 1, 3, 5, 7, 2, 4, 6, 8 décamètres, combien y a-t-il de décimètres, de centimètres, de millimètres ? Effectuer les opérations suivantes :

734 fr. + 8320 fr. + 4730 fr. =
— 247 fr. + 7270 fr. + 897 fr. =

Reste. . . . . . =

$\frac{9748326}{9} =$ 7326843 × 97432

---

23. Maintien et Convenances.

« Les manières, que l'on néglige comme de petites choses, sont souvent ce qui fait que les hommes décident de vous en bien ou en mal ; une légère attention à les avoir douces et polies, prévient leurs mauvais jugements. Il ne faut presque rien pour être cru fier, incivil, méprisant, désobligeant ; il faut encore moins pour être estimé tout le contraire. » (La Bruyère.)

Ce n'est pas ce que nous faisons qui nous fait mériter de l'estime, c'est la manière dont nous le faisons.

Le mérite de la convenance est dans ce qu'on dit et dans ce qu'on ne dit pas.

Il serait inconvenant de trancher du capable en présence de savants, de vieillards instruits, ou d'hommes spécialement versés dans les questions que l'on traite.

L'enfant bien élevé doit s'abstenir de prendre la parole, si ce n'est pour répondre aux questions qu'on lui fait, lorsqu'il est dans une société d'hommes plus âgés que lui.

L'intolérance dans les opinions est une marque d'ignorance ou d'entêtement; plus on est instruit, mieux on comprend que les hommes ne peuvent être d'accord sur toutes choses, sur toutes les questions, et que cette variété dans les appréciations est un ombre nécessaire au tableau des harmonies sociales.

Notes et Devoirs.

1. Réciter et copier la première moitié de la leçon; dicter la deuxième moitié.

2. Chercher les verbes de la leçon et conjuguer à l'imparfait ceux de la première et troisième conjugaison.

3. Le *participe* est une forme de verbe; il est ainsi nommé parce qu'il tient de la nature du verbe par sa signification et ses compléments, et de l'adjectif en ce qu'il exprime aussi des qualités : Un enfant *aimant* Dieu; un élève *aimé* de ses condisciples.

4. Calcul. — 1° Avant de faire une division quelconque, on prend à gauche du dividende autant de chiffres qu'il faut pour contenir le diviseur; 2° on peut ainsi compter à l'avance le nombre de chiffres du quotient. Exemple : 23'7483 | 8 ; la partie séparée en donne toujours 1, les chiffres à droite en donnent toujours 1 chacun, ce qui donne ici 5 chiffres. — Divisions :

$$\frac{473843}{6} = \qquad \frac{738458}{8} =$$

24. La Vanité et le Ridicule.

Vain veut dire vide; ainsi, la vanité est si misérable, qu'on ne peut guère lui dire pis que son nom; elle se donne elle-même pour ce qu'elle est.

La vanité est si ancrée dans le cœur de l'homme, qu'un goujat, un marmiton se vante et veut avoir ses admirateurs.

La sottise et la vanité sont deux sœurs qui se quittent peu, et l'homme vain est un aveugle qui se méconnaît lui-même,

Les hommes qui se vantent le plus ressemblent à des

[illegible] précédé [illegible]
[illegible] combien il faut d'esprit pour n'être [illegible]

[illegible] ridicule étouffe plus de talents et de [illegible] corrige de vices et de défauts.

[illegible] si ridicule par les qualités que l'on [illegible] que l'on affecte d'avoir.

[illegible] est la seule chose que craignent encore [illegible] ne craignent plus rien.

[illegible] est plus fort que la calomnie, qui peut se [illegible] en retombant sur son auteur. Aussi, est-ce le [illegible] que l'envie emploie le plus sûrement pour ter[illegible] d'une réputation.

Notes et Devoirs.

[illegible]er la leçon en entier.

[illegible]sé défini des quatre conjugaisons :

[illegible]	2e Conjug.	3e Conjug.	4e Conjug.
[illegible]	is	us	is
[illegible]	is	us	is
[illegible]	it	ut	it
[illegible]mes	îmes	ûmes	îmes
[illegible]	îtes	ûtes	îtes
[illegible]nt	irent	eurent	irent

[illegible]uguez au passé défini : parl-*er*, fin-*ir*, rec-*evoir*, [illegible] en ajoutant au radical les terminaisons corres[illegible].

[illegible]sion. — Quand on a déterminé le nombre de [illegible] du quotient, il suffit alors de chercher chaque [illegible] au moyen de la table, à le multiplier par le divi[illegible] retrancher ensuite ce produit du dividende par[illegible] On descend à côté du reste le chiffre suivant [illegible] et on continue comme ci-dessus. — La [illegible] la division consiste à multiplier le quotient [illegible] diviseur, et on doit trouver un produit de divi[illegible]

[illegible] $\frac{9647}{9} =$ $\frac{8043}{8} =$

[illegible] 25. Franchise et Gaieté.

[illegible] franchise ne consiste pas à dire tout ce qu'on [illegible] mais à penser tout ce qu'on dit.

« Il est peu de personnes qui sachent employer à propos la franchise, et ne la fasse pas consister dans l'aigreur et les reproches. » (PLUTARQUE.)

« La franchise et la bonne foi sont d'un grand secours pour l'expédition des affaires. Elles attirent une grande confiance en ceux qui ont ces bonnes qualités. » (DUCLOS.)

« C'est se mépriser soi-même que de n'oser paraître ce que l'on est : l'art de se contrefaire et de se cacher n'est souvent que l'aveu tacite de nos vices. » (MASSILLON.)

« Le secret de vivre gai et content, c'est de n'être en guerre ni avec Dieu, ni avec la nature. » (PASCAL.)

De tous les peuples de la terre, aucun n'est plus gai que le Français. Qui n'a pas vu, au milieu des combats, parmi les fatigues, les privations et la souffrance, la gaieté française se faire jour, par un bon mot électrique, voler de bouche en bouche, dans les rangs de nos jeunes conscrits, ou éclater dans ces refrains joyeux qui trompent la douleur présente ?

S'il y a un lieu où la gaieté est pure, sans jalousie, sans nuage, c'est dans l'humble cabane, après un travail rustique ; c'est dans ces fêtes villageoises, où se mêlent l'enfance et la vieillesse, où souvent les plus indigents sont les plus gais.

Notes et Devoirs.

1. Réciter la première moitié de la leçon et copier l'autre moitié.

2. Cherchez dans la leçon les verbes de la première et troisième conjugaison et conjuguez-les au passé défini, en observant l'accent circonflexe des deux premières personnes du pluriel.

3. Division. — Soit 3248 fr. à partager entre 812 pauvres (deuxième cas.)

3248	812
3248	4
= 000	

Explication : Je prends à gauche du dividende assez de chiffres pour contenir le diviseur ; il m'en faut 4, c'est-à-dire le dividende entier. Je n'aurai donc qu'un chiffre au quotient, qu'il s'agit de chercher. Or, les 8 centaines du diviseur doivent donner les 32 centaines du dividende, en les multipliant par le chiffre du quotient. Ce chiffre se trouve donc en disant : en 32, combien de fois 8 ? Réponse : 4 fois. En multipliant le diviseur 812 par 4 on trouve en effet 3248 fr. Donc chaque pauvre aura 4 fr. — Prenez le $\frac{1}{3}$, le $\frac{1}{4}$, le 1/[illegible] de 873048 fr.

26. Contes et Histoires.

Les enfants aiment les contes, et les hommes faits ne les dédaignent pas.

On sait que les *conteurs* de professions sont, en général, des gens forts ennuyeux, et que, selon l'expression de La Bruyère, une des marques de médiocrité d'esprit est de toujours conter.

D'après les contes très-mauvais, rédigés pour les enfants, on serait tenté de croire que l'*absurde* est ce qui convient le mieux pour les amuser. Il est bien vrai que le danger, la crainte, la peur, les crimes, les assassinats, les sorciers, les chiens mystérieux et étrangers, le merveilleux enfin, ont le privilége d'exciter vivement l'imagination ; mais ce n'est pas en *mal* qu'il faut la captiver, c'est en *bien*.

Les fables de Lafontaine, de Florian et de Fénélon, les histoires choisies de la Bible, de Rome et de la Grèce, la mythologie, les contes de Smith, et en général les livres qu'on donne en prix, offrent un vaste champ et d'assez intéresants sujets pour satisfaire la curiosité des enfants les plus avides.

Mais comme il est beau aussi, et surtout utile d'apprendre l'histoire des animaux et des plantes qui peuplent la terre et les mers, les causes et les effets de tant de phénomènes naturels qui étonnent notre imagination, le mouvement des astres dans l'espace infini, d'étudier enfin la nature et ses lois, les destinées du genre humain et les desseins du Créateur !

Notes et Devoirs.

1. Dicter la première moitié de la leçon et copier la deuxième moitié.

2. Chercher dans la leçon les verbes de la deuxième et quatrième conjugaison, et les conjuguer au passé défini.

3. Il y a deux espèces de participes : le participe *présent :* parlant, finissant, recevant, rendant; le participe *passé* : parlé, fini, rendu.

4. Division. $3 \times 4 = 12$. Si je divise 12 par 3, je dois trouver 4 : $\frac{12}{3} = 4$. Si je divise 12 par 4, je dois trouver 3 : $\frac{12}{4} = 3$. Il en résulte que : étant donné le *produit*

de *deux* facteurs et l'un de ces *facteurs*, le but de la division est de *trouver* l'autre facteur. — Prendre le $\frac{1}{6}$, le $\frac{1}{7}$, le $\frac{1}{8}$, le $\frac{1}{9}$, de 740398 fr. en divisant ce nombre par 6, 7, 8 et 9.

$\frac{2743}{842} =$ $\frac{864}{93} =$ $\frac{548378}{96432}$

27. Les Jeux.

Excepté la ruine du temps qui est irréparable, on ne saurait blâmer diverses sortes de récréations. Il en faut pour dissiper nos préoccupations sérieuses, nos peines secrètes : il y a des distractions nécessaires; mais si l'on en vient à faire du jeu une spéculation, la récréation devient criminelle, puisqu'on ne peut sortir de cette alternative d'être *dupe* ou *fripon*.

Il est des jeux qui exercent le corps et l'adresse, comme les *barres* et la *paume;* les autres, la patience et la dextérité, comme les *jonchets;* ceux-ci, l'attention, le calcul, comme les *dominos*, le *loto*, les *jeux de cartes*.

N'oubliez pas que certains joueurs tiennent à peine un jeu de cartes, qu'ils connaissent déjà tels et tels as, tels et tels rois; ces joueurs, par cette finesse déloyale, ont tout de suite, en jouant, ce que beaucoup de gens prennent pour du *bonheur*. En vous mettant en garde contre ces mauvais tours dont vous pouvez être victime, vous éviterez les jeux commodes pour les tricheries, les joueurs grognons, passionnés, avides de gain, peu scrupuleux, et vous ne jouerez dans vos loisirs, qu'avec des amis sûrs ou des personnes douces, polies, agréables, sur lesquelles l'argent n'ait que peu d'influence.

Notes et Devoirs.

1. Copier la première moitié de la leçon et dicter l'autre.

2. Réciter le passé défini des verbes *parler, finir, recevoir, rendre,* et conjuguer à ce temps les verbes de la leçon, 1re et 2e conjugaison.

3. Le participe présent est toujours terminé en *ant*. Le participe passé offre douze terminaisons dont les principales sont *é, i, u*. Le féminin et le pluriel se forment dans les participes, les articles et les pronoms, absolument comme dans les noms et les adjectifs.

4. Division. — Dans la division le dividende ne con-

tient pas toujours exactement 2, 3, 4, 5, 6 fois, etc., le diviseur. Dans ce cas, il y a un reste dont il faut tenir compte dans la preuve de la division, en l'ajoutant au produit du quotient par le diviseur.

2743	842
2526	3 quotient
= 217	

Diviseur = 842
Quotient = ×3
Produit = 2526
Reste = +217
Preuve = 2743

Lire, écrire et additionner les nombres suivants :

3 fr. 45	73m 850
+ 62 80	+ 723 036
+ 7 92	+ 40 37
+ 8 05	+ 832 603

28. Les Promenades.

Chaque petite ville a ses promenades, comme chaque capitale a les siennes. A Paris, les Champs-Elysées, faisant suite au jardin des Tuileries et à la place de la Concorde, et traversés par la grande avenue de Neuilly, forment une perspective imposante, que termine dignement l'arc de triomphe de l'Etoile. Au delà, de superbes avenues conduisent au bois de Boulogne.

Londres a son parc Saint-James, aux vastes et sombres allées; Madrid, son Prado, ruban vert et étroit que sillonnent quatre allées de platanes et de sycomores; Pétersbourg, son boulevard de l'Amirauté, qu'ombragent de magnifiques hêtres; Berlin, son Under, planté de Tilleuls; Vienne, son délicieux Prater, couvert de massifs superbes et percé de larges avenues de marronniers; Florence, ses merveilleux jardins Boboli; et Rome sa villa Borghèse.

La promenade, qui est un exercice hygiénique nécessaire à tout le monde et à tout âge, peut devenir l'occasion, surtout à la campagne, d'acquérir des notions utiles et intéressantes, des habitudes d'attention et d'observation et le goût du spectacle de la nature. Là, chaque feuille, chaque fleur, chaque insecte peut devenir un objet plein d'intérêt, si on sait y arrêter son attention.

Notes et Devoirs.

1. Réciter la première moitié de la leçon et copier l'autre.

2. Futur simple des 4 conjugaisons :

1re Conjug.	2e Conjug.	3e Conjug.	4e Conjug.
erai	irai	evrai	rai
eras	iras	evras	ras
era	ira	evra	ra
erons	irons	evrons	rons
erez	irez	evrez	rez
eront	iront	evront	ront

Conjuguez au futur simple parl-*er*, fin-*ir*, rec-*evoir*, rend-*re*, en ajoutant au radical les terminaisons correspondantes.

3. Division et Système métrique. — L'hectomètre contient combien de décam.? de mètres? de décim.? de centimèt? de millim.? — Combien y a-t-il de décam., de mètres, de décim., de centim., de millim., dans 2, 3, 4, 5, 6, 7, 8, 9 hectomètres? — Effectuez les opérations suivantes :

1° 478f30 + 73f40 + 732 fr. + 89 fr. =
2° 793874 fr. 35 — 934 fr. 80 =
3° 43478 fr. × 7394 =
4° $\frac{738473 \text{ fr.}}{97320} =$ $\frac{7348}{973} =$

29. L'Amour-Propre et l'Orgueil.

La fable de la Grenouille qui veut devenir Bœuf et celle du Corbeau qui se laisse tromper par le Renard, feront comprendre aux enfants que l'amour-propre nous rend souvent dupes de rivaux sans conscience, parce que nous manquons de bon sens.

L'amour-propre, toujours maître des hommes, corrompt les forts par l'orgueil, et les faibles par la vanité.

« On n'aime que soi et on ne devra craindre que soi. C'est ce que la religion veut nous apprendre lorsqu'elle nous recommande de nous haïr nous-même; elle sait bien que nous ne prendrons pas l'avis à la lettre. » (DE BONALD).

« L'orgueil consiste dans le sentiment exagéré de notre valeur personnelle, avec une forte tendance à nous préférer aux autres et à les dominer. C'est une maladie morale dont les principales espèces sont la présomption, la suffisance, la fierté, le dédain et l'arrogance. » (DESCURET).

L'homme modeste a tout à gagner, et l'orgueilleux a tout à perdre; car la modestie a toujours affaire à la générosité, et l'orgueil à l'envie. — Un adage sacré dit que l'orgueil est le commencement de nos crimes, et on pourrait ajouter de toutes nos erreurs. — De tous les orgueilleux, le plus insupportable est celui qui croit tout savoir.

Notes et Devoirs.

1. Réciter la première moitié de la leçon et dicter l'autre.
2. Chercher dans la leçon les verbes de la 2e et 4e conjugaison et les conjuguer au futur simple. — Chercher les participes et en dire le genre et le nombre.
3. Division et système métrique. — Combien 1 kilomètre contient-il d'hectom., de décam., de mètres, de décim., de centim., de millim? Combien y a-t-il d'hectom., de décam., de mètres, de décim., de centim., de millim. dans 2, 3, 4, 5, 6, 7, 8, 9 kilomètres? — Combien de décam., de mètres, de décim., etc., y a-t-il dans 16 hectom., 20 kilom., 7 myriamètres, etc.? — Lisez et écrivez de plusieurs manières le nombre suivant : 4343m503. — Divisions :

1° $\frac{738473}{8} =$ 2° $\frac{297348}{103468} =$

---

30. Fierté et Familiarité.

« La fierté du cœur est l'attribut des honnêtes gens; la fierté des manières est celle des sots; la fierté de la naissance et du rang est souvent la fierté des dupes. » (Duclos).

« Notre vanité ou la trop grande estime que nous avons de nous-mêmes, nous fait soupçonner dans les autres une fierté à notre égard qui y est quelquefois, et qui souvent n'y est pas; une personne modeste n'a point cette délicatesse. » (La Bruyère).

Les grands personnages savent que la fierté n'est pas de mise aujourd'hui; ils s'appliquent tout naturellement à la réprimer; ils font bien, et avec un peu de bons sens on y parvient aisément.

La familiarité, c'est cette absence de toute forme cérémonieuse qui est le résultat de rapports plus ou moins habituels : à force de se voir, on arrive à vivre sans façon, comme en *famille*.

La familiarité, qui provient d'une bonne éducation, joint à tous les délices de l'intimité les charmes de ce naturel qui s'abandonne sans franchir les limites de la réserve.

Avec des personnages d'une grande importance, lors même qu'on les approche fréquemment, il faut beaucoup de mesure pour s'aventurer jusqu'à un ton familier.

Notes et Devoirs.

1. Réciter la première moitié de la leçon et copier l'autre.
2. Chercher dans la leçon les verbes de la 1e et 3e conjugaison et les conjuguer au futur simple.
3. Division. (3e cas) :

Toutes les divisions reviennent en définitive au deuxième cas. Soit 897574 fr. à partager entre 432 pauvres. Séparez à gauche du dividende autant de chiffres qu'il faut : vous devez avoir quatre chiffres au quotient. Il s'agit de déterminer chacun de ces chiffres en faisant usage des règles précédentes. Pour la preuve on a toujours soin d'ajouter le dernier reste.

```
897'574 | 432
864     |-----
------  | 2077
= 3357
  3024
------
= 3334
  3024
------
=  310

Quotient = 2077
Diviseur × 432
---------------
          4154
         6231
        8308
---------------
      = 897264
Reste =    310
---------------
Preuve = 897574
```

$\frac{7384}{36} =$ $\frac{97435}{732} =$ $\frac{84357}{370} =$

31. Défiance et Timidité.

L'esprit de défiance nous fait croire que tout le monde est capable de nous tromper. Une défiance modérée peut être sage ; une défiance outrée ne l'est jamais.

« Un homme d'esprit et d'un caractère simple et droit peut tomber dans quelque piége ; il ne pense pas que personne veuille lui en dresser et le choisisse pour être sa dupe : cette confiance le rend moins précautionné, et les mauvais plaisants l'entament par cet endroit. Il n'y a qu'à perdre pour ceux qui en viendraient à une seconde charge : il n'est trompé qu'une fois. » (La Bruyère).

La timidité se compose du désir de plaire et de la crainte de ne pas réussir. Elle n'est pas l'indice d'un mauvais naturel, mais elle entraîne dans les fautes que les imprudents peuvent commettre. Elle peut se comparer à ces places d'un abord facile et mal fortifiées, qui ne peuvent opposer de défense aux ennemis.

Ce n'est pas seulement dans les intérêts pécuniaires que la timidité se conduit mal ; souvent dans les affaires bien plus sérieuses, elle n'ose suivre le parti que conseille la raison.

Notes et Devoirs.

1. Copier la première moitié de la leçon et dicter la seconde moitié.

2. Réciter le futur simple des verbes *parler, finir, recevoir, rendre.*

3. Il y a de petits mots qui précèdent les compléments indirects des verbes : on les appelle *prépositions* (posé avant) ; elles servent à unir deux mots en indiquant l'espèce de rapport qui les fait dépendre l'un de l'autre : J'ai posé ma plume *sur* la table, *sous* le cahier, *dans* l'armoire, *près* du crayon. Ces quatre petits mots expriment chacun une idée différente.

4. Calcul. — Le gramme est l'unité de poids. La pièce de 1 centime en bronze et la pièce de 20 centimes en argent pèsent chacune 1 gramme. Comme le mètre, le gramme a ses multiples : décag., hectog., kilog., myriagramme ; et ses sous-multiples : le décig., le centig. et le millig. — Effectuer les opérations suivantes, dont on a donné les réponses :

1° $95836 \times 1789 = 171450604.$

2° $\frac{171450604}{1789} = 95836.$

3° $\frac{171450604}{95836} = 1789.$

---

32. L'adversité et les Désirs.

Tant que le vaisseau vogue heureusement, le mouvement est doux et facile à supporter. C'est en luttant contre l'adversité que le vrai courage se montre dans son jour. C'est dans la tempête que le pilote fait preuve de son habileté.

» Les hommes vulgaires tombent et ne se relèvent plus sous le poids du malheur; les grands hommes, tout chargés qu'ils sont d'adversités, marchent encore : de forts soldats portent légèrement une pesante armure. » (DE CHATEAUBRIAND.)

Il ne faut pas moins de prudence pour se soutenir dans la prospérité que de vertus pour s'accommoder aux disgrâces.

La Providence fait éprouver aux hommes leurs forces par l'adversité, et leur apprend à se connaître eux-mêmes.

L'accomplissement de nos plus grands désirs est souvent la source de nos plus grandes peines.

Nous désirerions peu de chose avec ardeur, si nous connaissions parfaitement ce que nous désirons.

L'homme n'est riche que de la modération de ses désirs. Ainsi, dans une pente rapide, il ne faut de force que pour se retenir.

Le désir de l'homme est éternel parce qu'il tend invinciblement à un bien sans borne et sans mesure, ou à Dieu qui est le bien infini.

Notes et Devoirs.

1. Copier toute la leçon.
2. Conditionnel présent des quatre conjugaisons :

1re Conjug.	2e Conjug.	3e Conjug.	4e Conjug.
erais	irais	evrais	rais
erais	irais	evrais	rais
erait	irait	evrait	rait
erions	irions	evrions	rions
eriez	iriez	evriez	riez
eraient	iraient	evraient	raient

Conjuguer par écrit au conditionnel : *parler, finir, recevoir, rendre*, en ajoutant au radical les terminaisons correspondantes.

3. Calcul. Gramme.— Les poids usuels forment trois séries : *gros poids :* 1, 2 et 5 kilog., 10, 20 et 50 kilog.; *poids moyens :* 1, 2 et 5 grammes; 1, 2 et 5 décag.; 1, 2 et 5 hectog. et le kilog.; *petits poids :* 1, 2 et 5 millig.; 1, 2 et 5 centig. et le gramme. Opérations à effectuer :

1° $738 \times 20 = 14760.$ $\frac{14760}{20} = 738.$ $\frac{14760}{738} = 20.$

2° $5467 \times 40 = 218680.$ $\frac{218680}{40} = 5467.$ $\frac{218680}{5467} = 40.$

33. Repentir et Sagesse.

La douleur physique est le cri plaintif des organes malades, comme le remords est le cri accusateur de la conscience blessée.

Les remords suppléent la justice. L'habitude du vice peut bien affaiblir, mais jamais étouffer tout à fait la voix des remords.

« Quand la nature et les hommes sont impitoyables, il est bien touchant de trouver un Dieu prêt à pardonner : il n'appartient qu'à la religion chrétienne d'avoir fait deux sœurs de l'innocence et du repentir. » (CHATEAUB.)

Le Seigneur est le Dieu de ceux qui se repentent; et ce Dieu n'est venu sur la terre que pour ceux d'entre nous qui étaient malades.

« La sagesse n'a rien d'austère ni d'affecté ; c'est elle qui donne les vrais plaisirs ; elle seule sait les assaisonner pour les rendre purs et durables. » (FÉNELON.)

« Que chacun se conduise selon le don particulier qu'il a reçu de Dieu et selon l'état dans lequel il a été appelé. Le temps est court; ainsi que ceux qui usent de ce monde soient comme n'en usant point, car la figure de ce monde passe. » (SAINT PAUL.)

La sagesse est la mère de tout ce qui est bien; c'est l'amour de la sagesse qui nous apprend la connaissance de nous-même, la charité, le dévouement, et qui nous affranchit de tout assujettissement à nos instincts pervers.

Notes et Devoirs.

1. Dicter toute la leçon.
2. Chercher dans la leçon les verbes de la 1re et 3e conj. et les conjuguer au présent du conditionnel.
3. Il y a des *prépositions* qui marquent le *lieu :* à, sur, sous, en, entre, parmi, par, vers, contre, vis-à-vis de, hors de, près de, loin de, etc.; d'autres qui marquent le *temps :* avant, après, pendant, dès, depuis, antérieurement, etc.
4. Calcul. Gramme.—Les grands poids sont en fonte de fer et ont la forme d'une pyramide tronquée. Les poids moyens, dont la forme est cylindrique, sont en cuivre jaune. Les petits poids, qui sont en argent ou en cuivre jaune, ont la forme de plaques minces et carrées; on les emploie surtout en pharmacie.

1° 35476 × 600

$$\frac{21285600}{600} = 35476.$$

$$\frac{21285600}{35476} = 600.$$

2° 75846 × 800

$$\frac{60676800}{800} = 75846.$$

$$\frac{60676800}{75846} = 800.$$

34. Conseils et Flatterie.

Se livrer aux perfides insinuations de la flatterie, c'est boire du poison dans une coupe d'or.

« Le flatteur, dans les services pénibles et dangereux, a toujours quelque prétexte pour se mettre à l'écart; c'est un vase fêlé qui, quand on le frappe, rend un mauvais son. » (PLUTARQUE.)

Cherchez à plaire; mais souvenez-vous que de flatter c'est tromper.

Les hommes de sens prennent conseil de tout le monde, et ne sont gouvernés par personne; les sots éloignent les conseils, de peur de laisser croire qu'ils sont gouvernés.

Tous les hommes se croient assez habiles pour donner des conseils, et assez sages pour n'en avoir pas besoin.

« Il n'y a que les grandes âmes qui sachent combien on est heureux quand on est bon. » (SOPHOCLE.)

Les jeunes gens doivent apprendre ce qui leur servira quand ils seront hommes.

Ayez des maximes réduites en propositions courtes et claires, pour servir de règle et d'appui à l'esprit incertain, quand il n'a pas le temps de discuter le point qui l'embarrasse.

« La maison la plus honorable est celle qui acquiert ses richesses sans injustices, les conserve sans mauvaise foi, et ne se repent jamais de ses dépenses. » (SOLON.)

Notes et Devoirs.

1. Réciter la leçon en entier.
2. Chercher dans la leçon les verbes de la 2e et 4e conjug. et les conjuguer par écrit au conditionnel présent.
3. Il y a des prépositions qui marquent de rapports

de *cause*, d'*origine* : de, par, à cause de, par suite de, etc.; d'autres marquent le *but* ou les *motifs* : à, pour, vers, envers, afin de, par, selon, malgré, contre, avec, etc.; d'autres, le *moyen*, la *manière*, et d'autres circonstances : par, selon, moyennant, à force de, sans, hormis, excepté, etc.

4. Calcul. Gramme. — 1 décagramme combien vaut-il de grammes, de décigrammes, de centigrammes, de milligrammes? — Combien y a-t-il de grammes, de décigrammes, de centigrammes, de milligrammes dans 2, 3, 4, 5, 6, 7, 8, 9 décagrammes. — Mêmes questions sur l'hectogramme. — Effectuez toujours les divisions comme dans le 3e cas, c'est-à-dire avec soustraction et preuve : vous avez ainsi les quatre règles dans la même opération. Plus tard (4e cas), on abrégera la division.

1° $76 \times 25 = 1900$. 2° $753 \times 48 = 36144$.

$\frac{1900}{76} = 25$. $\frac{36144}{48} = 753$.

---

35. La Colère et l'Offense.

« Voulez-vous avoir une idée de toute la folie des hommes que la colère possède? Voyez leur tenue. Il y a de certains signes qui annoncent la folie : un regard audacieux et menaçant, un front soucieux, un visage sinistre, un teint bouleversé, des soupirs fréquents et profonds. Tels sont aussi les indices de la colère. » (SÉNÈQUE.)

Où la colère a semé, c'est le repentir qui recueille ; et celui qui pâlit de colère rougira bientôt de honte.

« Faites en sorte que le soleil ne se couche pas sur votre colère. » (SAINT PAUL.)

Ne faites rien étant en colère : pourquoi se mettre en mer pendant la tempête?

Caton l'Ancien était accablé d'injures par un homme perdu de réputation pour ses infamies. « La partie, lui dit-il, n'est pas égale entre nous deux : toi, tu entends sans peine les injures, et tu en dis de bon cœur; et moi, je n'aime point à en dire et je n'ai pas l'habitude d'en entendre. »

« Quand le sage nous offense, son repentir infaillible doit nous satisfaire; si c'est un fou, on l'est plus que lui de s'en venger. » (SÉNÈQUE.)

« Se venger d'une offense, c'est se mettre au niveau de

son ennemi ; la lui pardonner, c'est s'élever fort au-dessus de lui. » (LA ROCHEFOUCAULD.)

Notes et Devoirs.

1. Relire plusieurs fois la leçon, fermer le livre et écrire de mémoire ce qu'on a retenu.
2. Réciter le présent du conditionnel des verbes *parler, finir, recevoir, rendre.*
3. Chercher les prépositions de la leçon et indiquer le rapport marqué par chacun.
4. Calcul. Gramme. — 1 kilogramme combien vaut-il d'hectogrammes, de décagrammes, de grammes, de décigrammes, etc.? — Combien y a-t-il de grammes, de décagrammes, d'hectogrammes, de décigrammes, de centigrammes, de milligrammes dans 2, 3, 4, 5, 6, 7, 8, 9 kilogrammes? — Mêmes questions sur le myriagramme. — L'addition a pour but de trouver la somme totale de plusieurs ventes ou plusieurs achats ; des recettes et des dépenses d'un jour, d'un mois ou d'une année ; le total d'une facture, d'un compte ou d'un mémoire, etc. — Divisions :

$$\frac{4263162}{6579} = 648. \qquad \frac{5137664}{5734} = 896.$$

$$\frac{4263192}{648} = 6579. \qquad \frac{5135664}{896} = 5734.$$

---

36. Les Préjugés.

Les anciens avaient leurs préjugés ; ils croyaient aux prédictions des oracles et des pythonisses. Chez les Romains, l'avenir s'étudiait dans l'appétit des poulets sacrés, dans le vol des oiseaux, dans les entrailles des victimes. Alors et presque partout on immolait des hommes.

Les choses ont beaucoup changé, et la raison publique a fait, sur ce point, de notables progrès; cependant on voit tous les jours, même parmi les gens instruits, des personnes qui craignent de commencer un voyage le vendredi, d'être treize à table, ou qui croient que l'on a bonne chance à la loterie ou au jeu.

Les baguettes dont se servaient les Perses et les Tartares n'étaient pas plus merveilleuses que la baguette devinatoire des siècles derniers.

Chercher à lire son avenir dans les dispositions d'un

jeu de cartes ou dans les signes de sa main, ou dans les paroles d'une somnambule, c'est prouver un esprit inepte, un cœur peu élevé, ou une conscience bourrelée par les remords, qui cherche, par des pratiques superstitieuses, à s'étourdir sur la conséquence de ses vices.

C'est en consultant la voix de sa conscience, c'est en mesurant l'énergie de ses forces et de son courage, que l'homme intelligent et honnête peut prévoir ce que lui réserve l'avenir.

Notes et Devoirs.

1. Copier la leçon entier.
2. Présent du subjonctif des quatre conjugaisons :

1re Conjug.	2e Conjug.	3e Conjug.	4e Conjug.
e	isse	oive	e
es	isses	oives	es
e	isse	oive	e
ions	issions	evions	ions
iez	issiez	eviez	iez
ent	issent	oivent	ent

Conjuguer au subjonctif les verbes *parler, finir, recevoir, rendre,* en ajoutant au radical les terminaisons correspondantes et *que* avant chaque personne.

3. Calcul. Gramme. Les multiples et sous-multiples du gramme sont d'un grand usage dans le commerce et le ménage. Chacun doit connaître à première vue les différents poids et savoir peser un objet quelconque pour en estimer la valeur. — Un tonneau de mer, c'est un poids de 1000 kilog. — 100 kilog. forment le quintal métrique. — Dans beaucoup de pays on appelle quintal le poids de 50 kilog. — Divisions. (Leçon 35.)

37. Les Préjugés (*suite*).

Les flammes errantes appelées *feux follets,* passent, aux yeux des villageois, pour être allumées par des esprits, qui les font briller çà et là aux yeux du voyageur afin de l'égarer. Les feux follets sont encore regardés, dans certaines parties de la France, comme les âmes des trépassés, qui voltigent à la surface des marais et aux abords des cimetières.

La science a parfaitement expliqué ce phénomène, qui est purement physique, c'est-à-dire naturel.

Ces feux sont produits par les émanations de gaz

phosphoré qui s'élèvent des lieux où des matières animales et végétales se décomposent, et qui s'enflamment instantanément au contact de l'air, à peu près comme les allumettes, qui prennent feu au moyen d'un léger frottement.

Ce gaz étant d'une excessive légèreté, le moindre mouvement établi dans l'air suffit pour lui imprimer une direction. Il en résulte que le déplacement d'air causé par la marche d'un homme est suffisant pour attirer, dans la direction de cette marche, le feu follet, qui marche si vous marchez, qui court si vous courez, et a ainsi l'air de vous poursuivre. C'est surtout cette circonstance qui a dû donner lieu aux fables dont nous venons de parler.

Notes et Devoirs.

1. Dicter la leçon en entier après que les élèves l'auront lue attentivement.

2. Chercher dans la leçon les verbes de la première et troisième conjugaisons, et les conjuguer au présent du subjonctif.

3. Il y a des mots qui ajoutent une idée aux verbes et aux adjectifs auxquels ils sont joints : on les appelle *adverbes*. Ils diffèrent des prépositions en ce qu'ils expriment seuls un sens achevé sans l'aide d'un complément : vous écrivez *bien*.

4. Calcul. Gramme. — Un pain de sucre est équilibré dans une balance par les poids suivants : 5 kilog. 3 hectog. 4 décag. 5 grammes, 2 grammes : combien y a-t-il de grammes ?

$$\frac{18144}{504} = 36. \qquad \frac{45525}{607} = 75.$$

$$\frac{18144}{36} = 504. \qquad \frac{45525}{75} = 607.$$

---

38. Les Préjugés (*suite*).

La chute des pierres tombées du ciel est un fait connu de toute antiquité ; il est question, dans *Josué,* d'une pluie de pierres qui détruisit l'armée ennemie ; Plutarque décrit une pierre qui était tombée en Thrace ; le savant Chladni en a vu tomber une en Toscane, en 1794 ; une autre qui tomba en Normandie, en 1803, fut l'objet d'une enquête de la part de l'Académie des sciences.

Comme la chute de ces pierres aérolithes est ordinairement précédée de globes enflammés qui se meuvent dans l'espace avec une grande vitesse, le peuple croit souvent que c'est un signe de guerre ou de malheurs, tandis que ce n'est qu'un phénomène naturel qui nous montre la puissance du Créateur.

Pourquoi la rencontre de deux pies est-elle d'un heureux présage, tandis que la rencontre d'une seule pie est d'un mauvais augure? Pourquoi le cri du hibou ou de la chouette sont-ils un signe de mort? Ceux qui croient à ces présages nous rappellent les Romains qui, en sortant de leur maison, consultaient le vol des oiseaux pour savoir de quel côté ils devaient marcher, et manquaient gravement les affaires les plus importantes si les oiseaux l'ordonnaient.

Notes et Devoirs.

1. Réciter la première moitié de la leçon.

2. Chercher dans la leçon les verbes de la deuxième et quatrième conjugaisons, et les conjuguer au présent du subjonctif.

3. Dans les adverbes, on distingue plusieurs classes comme dans les prépositions. Il y a des adverbes de *manière*, de *temps*, de *quantité*, de *négation*, d'*ordre*, d'*affirmation*, d'*interrogation*.

4. Calcul. Franc. — Le franc est l'unité de tout le système monétaire français. La pièce de 1 fr. en argent pèse 5 grammes. — On frappe aujourd'hui, en France, des pièces de $\frac{1}{5}$, de $\frac{1}{2}$ fr., de 1 fr., de 2 fr. et de 5 fr. en argent; et des pièces d'or de 5, de 10, de 20, de 50 et de 100 fr. — Le franc est divisé en 10 décimes ou en 100 centimes; il existe des pièces de bronze valant 1, 2, 5 et 10 centimes, pesant dans la nouvelle monnaie 1 gramme par centime. — Division à effectuer avec preuve :

1° $\frac{255528}{4056} = 63.$ 2° $\frac{255528}{63} = 4056.$

39. Les Préjugés (*fin*).

Il y a des familles qui croient encore aux revenants, aux sorciers, aux loups-garous et aux devins.

Si j'ai un bœuf malade, je vais chercher promptement le vétérinaire; si mon enfant a la fièvre, je vais consulter le médecin; si, pendant la nuit, je vois un chien dans ma basse-cour ou au milieu des champs, je dis que c'est un chien et non un loup-garou; si on m'a volé mon cheval ou ma bourse, je cours à la poursuite du voleur, je m'adresse aux gendarmes, au télégraphe, aux journaux : ce qui vaut mieux que d'aller consulter un devin.

Si, vers minuit, j'entends quelque bruit dans la chambre voisine, je dis que ce sont des chats et non des revenants, ou je vais voir si ce ne serait pas un voleur.

Tous ces préjugés ont pris leur source dans la faiblesse et la lâcheté de certains hommes, qui ne savent pas supporter avec courage les maux attachés à notre misérable existence.

Mais celui qui n'ignore pas les vues bienfaisantes du Créateur, celui qui s'attache fortement à la religion, ne sera jamais atteint d'une maladie aussi pernicieuse. Des craintes chimériques n'abattront jamais son courage, parce qu'il remet tout entre les mains de Dieu.

Notes et Devoirs.

1. Relire plusieurs fois la leçon, fermer le livre et résumer par écrit ce qu'on a retenu.

2. Réciter le présent du subjonctif des verbes *parler*, *finir*, *recevoir*, *rendre*.

3. Les adverbes de *manière* sont presque tous terminés en *ment*, et se forment des adjectifs dont ils dérivent : lent, *lentement*; pieux, *pieusement*; poli, *poliment*; grand, grande, *grandement*. — Dans les adjectifs en *ant* et *ent*, on forme l'adverbe en changeant *ant* en *amment*, et *ent* en *emment* : méchant, *méchamment*; prudent, *prudemment*.

4. Calcul. Franc. — Il y a en France sept hôtels où l'on fabrique de la monnaie. Les lettres qu'on trouve sur chaque pièce, et qui indiquent la ville où elle a été fabriquée, sont les suivantes : A, Paris; B, Rouen; D, Lyon; M, Marseille; W, Lille; BB, Strasbourg; K, Bordeaux. — Divisions à effectuer avec preuve :

$$\frac{728373}{7509} = 97. \qquad \frac{26201252}{85069} = 308.$$

$$\frac{728373}{97} = 7509. \qquad \frac{26201252}{308} = 85069.$$

DEUXIÈME PARTIE

HISTOIRE DE LA NATURE

1. Les trois Règnes.

Lorsque les hommes s'occupèrent à reconnaître les objets qui les environnaient, ils comprirent que leur multitude empêchant de les étudier, il était nécessaire de les arranger dans un ordre propre à faciliter les opérations de l'esprit.

On observa que les terres, les métaux, les pierres, ne donnant aucun indice de vie, n'ayant aucun organe destiné à des fonctions spéciales étaient des corps bruts ou *minéraux*.

D'autres corps enracinés dans la terre, pourvus d'organes, prenant une nourriture intérieure, croissant et se reproduisant, furent reconnus doués de vie; mais comme ils ne donnent aucun signe de sentiment, on les nomme *végétaux*.

Enfin d'autres corps vivants, capables de se sentir et de se mouvoir, se nourrissant et se reproduisant, furent désignés sous le nom d'*animaux*.

Ce sont les trois *règnes*. D'un autre côté, on a distingué le règne *organique*, comprenant les animaux et les végétaux, et le règne *inorganique*, comprenant les minéraux.

Chacun des trois règnes a été subdivisé en genres, familles et espèces, pour faciliter l'étude de chaque être en particulier.

Nous avons déjà parlé, dans le livre du *Premier Âge*, de plusieurs familles de plantes et d'animaux. Nous allons continuer cette intéressante étude, où l'élève marchera de surprise en surprise.

Notes et Devoirs.

1. Copier la leçon en entier.
2. Imparfait du subjonctif des quatre conjugaisons :

1re Conjug.	2e Conjug.	3e Conjug.	4e Conjug.
asse	isse	usse	isse
asses	isses	usses	isses
ât	ît	ût	ît
assions	issions	ussions	issions
assiez	issiez	ussiez	issiez
assent	issent	ussent	issent

Conjuguer à l'imparfait du subjonctif, parl-*er*, fin-*ir*, rec-*evoir*, rend-*re*, en ajoutant au radical les terminaisons correspondantes.

3. Calcul. Franc. — Un franc peut être représenté par 2 pièces de 0 fr. 50; 5 pièces de 0 fr. 20; 10 décimes; 20 pièces de 5 centimes; 50 pièces de 2 centimes; 100 pièces de 1 centime. — Sachant qu'un centime en bronze pèse 1 gramme et qu'un franc en argent pèse 5 grammes, dire le poids de toutes les pièces en argent et en bronze. — Divisions. (Leçon 39.)

2. Les Pachydermes.

Cette famille d'animaux, ainsi nommés à cause de l'épaisseur de leur peau, renferme les plus grands quadrupèdes connus, qui aiment les lieux humides et marécageux, et se nourrissent d'herbes, de feuilles, de racines et rarement de chair. Tels sont : l'*hippopotame*, le *rhinocéros*, l'*éléphant*, le *cheval* et le *sanglier*.

L'hippopotame, ou cheval des fleuves, dont le poids atteint près de 2000 kilog., vit dans les rivières du centre et du midi de l'Afrique, se nourrissant de poissons et de végétaux.

Quoique ces animaux aient près de 4 mètres de longueur, ils n'ont guère plus de 1m60 de hauteur, ce qui fait que leur ventre touche presque à terre. Ils passent le jour dans les fleuves, cachés au milieu des roseaux ; au moindre bruit, ils se précipitent sous l'eau, où ils peuvent rester quelques instants sans venir respirer.

Ils ne quittent les rivières que pendant la nuit pour ravager les plantations de sucre, de riz et de millet.

Leurs dents fournissent un très-bel ivoire, presque inaltérable, que l'on recherche surtout pour les dents artificielles. Le premier hippopotame vivant a été amené à Paris, en 1853, par M. Delaporte, médecin français.

Notes et Devoirs.

1. Dicter la leçon en entier, après que les élèves l'ont lue attentivement.

2. Chercher dans la leçon les verbes de la première et troisième conjugaisons, et les conjuguer à l'imparfait du subjonctif.

3. Les adverbes de *lieu* sont : ici, là, ailleurs, auprès, au loin, alentour, dehors, dedans, derrière, dessus, dessous, devant, partout, etc. — Faire une phrase sur chacun de ces adverbes.

4. Calcul. Franc. — 1 gramme d'argent vaut *20 centimes* (pièce de 0 fr. 20) ; 1 gramme en bronze vaut *1 centime :* donc l'argent, *à poids égal*, vaut 20 fois plus que le bronze, et, *à valeur égale*, pèse 20 fois moins qu'une même somme en monnaie de bronze.

$90807 \times 708 = 64291356.$

$$\frac{64291356}{90807} = 708. \qquad \frac{64291356}{708} =$$

$$\frac{3322764092}{549308} = 6049. \qquad \frac{3322764092}{6049} =$$

---

3. Les Pachydermes (*suite*).

Les rhinocéros habitent les parties les plus chaudes de l'Asie et de l'Afrique, surtout les Indes orientales, l'Abyssinie et la Cafrerie. Ils ont souvent de trois à quatre mètres de long sur deux mètres de haut; leurs formes sont lourdes, leur corps massif, la peau sèche, épaisse, grossièrement plissée et presque dépourvue de poils.

Ces animaux, dont une corne sur le nez forme le caractère distinctif, se tiennent dans les forêts et les solitudes marécageuses. La force des rhinocéros est extraordinaire : ils livrent de fréquents combats aux éléphants et en sortent souvent vainqueurs; cependant ils ne sont pas carnassiers, et ne mangent que des herbes, des feuilles et des racines.

On leur fait la chasse pour leur chair, qui est comestible, quoique ayant une odeur musquée, et pour leur peau, dont on fait un cuir impénétrable.

Les éléphants sauvages vivent ordinairement dans les forêts et les lieux marécageux des contrées les plus chaudes de l'Asie et de l'Afrique. Ils se tiennent par troupes nombreuses, conduites par un vieux mâle. Ils vivent de graines, d'herbes, de feuillages et de racines. Ils ramassent leur nourriture et la portent à leur bouche avec leur trompe, organe qui leur sert aussi à soulever les fardeaux et à terrasser leurs ennemis.

Notes et Devoirs.

1. Dites oralement ce que vous savez du rhinocéros.
2. Chercher dans la leçon les verbes de la deuxième et quatrième conjugaisons, et les conjuguer à l'imparfait du subjonctif.
3. Les adverbes de *temps*, sont : aujourd'hui, demain, hier, aussitôt, autrefois, bientôt, déjà, jamais, souvent, longtemps, etc. — Faire par écrit une phrase sur chaque adverbe de temps.
4. Calcul. Franc. — 1 franc, combien vaut-il de décimes et de centimes? — Combien de décimes et de centimes y a-t-il dans 2 fr., 3 fr., 4 fr., 5 fr., 6 fr., 7 fr., 8 fr., 9 fr., 14 fr., 50 fr., 65 fr., etc.? — Combien pèsent les sommes suivantes en monnaie de bronze : 2 fr., 3 fr., 4 fr., 5 fr., 6 fr., 9 fr., 60 fr., 103 fr., 45 fr. 20 c., 37 fr. 40 c. — Ces sommes pèsent autant de grammes qu'il y a de centimes. — Etant donné un produit, un facteur, la division a pour but de trouver l'autre facteur.

---

4. Les Pachydermes (*suite*).

L'éléphant est en général doux, à moins qu'on ne l'irrite, fort intelligent, et d'une force telle, qu'il fait aisément huit kilomètres par jour, chargé d'un poids de 1000 kilog.

Sa peau est tellement épaisse qu'une balle s'y aplatit au lieu de rentrer; elle est noire, mais elle peut s'altérer par l'âge, jusqu'à devenir blanche.

Les deux canines de la mâchoire supérieure, qui sont plus grosses que les cornes des plus gros bœufs, constituent ces longues défenses qui lui servent à arracher les racines, et dont, sous le nom d'*ivoire*, on fait tant d'applications en industrie.

Pour la chasse de l'éléphant, on forme dans la forêt une vaste enceinte de pieux, qui se ferme par une trappe. On y conduit un éléphant apprivoisé que l'on fait crier; quelques éléphants arrivent, pénètrent dans la palissade, et la trappe se ferme. On en prend aussi quelques-uns au moyen de grandes fosses couvertes établies sur leur passage.

Les anciens se servaient d'éléphants dans les combats, et souvent ces animaux ont décidé du sort des batailles.

Les rois de Siam ont un éléphant blanc qu'ils logent dans un palais magnifique, gardé par cent officiers. On ne le sert qu'en vaisselle d'or, on ne le promène que sous un dais magnifiquement décoré. La raison de cet appareil est la croyance à la métempsycose.

Notes et Devoirs.

1. Relisez la leçon, fermez le livre, et mettez par écrit ce que vous avez retenu.

2. Récitez l'imparfait du subjonctif des verbes *parler*, *finir*, *recevoir*, *rendre*.

3. Les principaux adverbes d'*ordre*, sont : premièrement, secondement, etc. ; d'abord, ensuite, ensemble, séparément, successivement, simultanément, en rang, de front, tour à tour, à la ronde, etc. — Faire une phrase sur chacun de ces adverbes.

4. Calcul. Franc. — Quel est le poids de 64 fr. 20 en argent. Si cette somme était en monnaie de bronze, elle pèserait autant de grammes que de centimes, ou 6420 grammes ou 6 kilog. 420, et comme l'argent pèse 20 fois moins qu'une égale somme en monnaie de bronze, le poids de cette somme en argent sera $\frac{6420}{20}$. Divisions à effectuer :

1° $360709 \times 8705 = 3139971845$.

2° $\frac{3139971845}{360709} =$

3° $\frac{3139971845}{8705} =$

---

5. Les Chevaux sauvages.

Dans les vastes steppes de la Tartarie (Turkestan), d'où le cheval est originaire, on trouve encore des chevaux sauvages, que l'on appelle des *tarpans*.

On en trouve aussi, en troupes de plus de dix mille, dans les vastes déserts de l'Amérique méridionale.

C'est toujours dans les pays de plaines que ces animaux habitent, et ils se réunissent constamment en familles, conduites par des chefs qui sont toujours à leur tête dans les voyages comme dans les combats, et qui doivent l'autorité dont ils sont revêtus à la supériorité de leur force et de leur courage.

Chaque troupe habite un canton particulier, qu'elle défend comme sa propriété contre toute invasion étrangère. Ces troupes marchent en colonnes serrées, et lorsqu'un objet les inquiète, elles s'en approchent les chefs en tête, et décrivent autour un ou plusieurs cercles, comme pour l'examiner. Lorsqu'ils ont à résister à l'attaque de quelques grands carnassiers, les seuls animaux qu'ils doivent craindre, ils se réunissent en groupes compactes, et se défendent courageusement par des morsures et des ruades. Si les guides reconnaissent quelque danger et donnent l'exemple de la fuite, tous ces chevaux sauvages les suivent sans hésitation.

Notes et Devoirs.

1. Copier la leçon en entier.
2. Impératif des quatre conjugaisons :

1re Conjug.	2e Conjug.	3e Conjug.	4e Conjug.
e	is	ois	s
ons	issons	evons	ons
ez	issez	evez	ez

Conjuguer à l'impératif les verbes *parler*, *finir*, *recevoir*, *rendre*. Ce mode n'a que trois personnes : la deuxième du singulier, la première et la deuxième du pluriel. Il exprime une idée de commandement ou de prière.

3. Calcul. Franc. — Quel est le poids des sommes suivantes : 10 fr., 100 fr., 1000 fr., 10000 fr., 2 fr., 20 fr., 200 fr., 2000 fr., en argent et en monnaie de bronze ? — Combien valent 10 grammes, 100 grammes, 1000 grammes en argent monnayé et en monnaie de bronze ? — Divisions :

$$6704069 \times 80706 = 541058592714.$$

$$\frac{541058592714}{6704069} =$$

$$\frac{541058592714}{80706} =$$

---

6. Les Chevaux sauvages (*suite*).

Ces chevaux, libres depuis plusieurs générations, sont cependant faciles à dompter. Pour les prendre, on chasse souvent toute une troupe, de manière à la pousser dans un enclos circulaire, construit avec des pieux plantés en terre ; puis le chasseur, monté sur un cheval vigoureux et bien dressé, entre dans l'enceinte, ayant à la main un *lasso*, ou longue courroie, fixée par une extrémité à la selle de son cheval, et terminée à l'autre extrémité par un nœud coulant.

Le cavalier lance ce nœud autour du cou du plus jeune cheval sauvage qui se présente à lui et l'entraîne au dehors. Au moyen de cordes jetées autour des jambes de l'animal, on le renverse par terre, on lui met dans la bouche une forte courroie de cuir en guise de bride, et on le selle.

Alors un autre chasseur, armé d'éperons très-aigus, le monte et le laisse courir.

Le cheval fait d'abord quelques efforts incroyables pour se débarrasser de son cavalier; mais l'éperon le met bientôt au galop, et après avoir couru un temps plus ou moins long, il se laisse ramener au fatal enclos où il a perdu sa liberté. Il est alors dompté : on lui ôte sa bride et sa selle, et on le laisse aller avec les autres chevaux, car, dès ce moment, il ne cherche plus à fuir, ni à désobéir à son maître.

Notes et Devoirs.

1. Dicter la leçon en entier.
2. Conjuguez à l'impératif tous les verbes de la leçon en ajoutant un complement.
3. Les adverbes de *quantité*, sont : peu, guère, assez, beaucoup, très, moins, plus, autant, etc. — Faire une phrase avec chacun de ces adverbes.
4. Calcul. Franc. — Combien pèsent les sommes suivantes : 53 fr. 40, 940 fr. 75, 720 fr. 30, 2500 fr., 8890 fr., en argent et en monnaie de bronze? — Exprimer ces poids en grammes, en décag., en hectog., etc. — Combien valent 50 kilog., 250 kilog. 830 grammes, 734 kilog. 800, 34 grammes 60 en argent monnayé et en monnaie de bronze. — Divisions avec preuve :

$$9057089 \times 90078 = 815844462942.$$

$$\frac{815844462942}{9057089} =$$

$$\frac{815844462942}{90078} =$$

---

7. Les Pachydermes (*suite*), le Sanglier.

Le sanglier est la souche primitive et sauvage de notre porc domestique.

Comme Saturne, le sanglier dévore ses enfants, et comme Rhéa (voy. 4e partie, leçon 1), la femelle, appelée *laie,* les cache avec soin pour les soustraire à la voracité du père. Cependant, lorsque les temps sont durs et que les glands sont rares, la laie elle-même ne se fait guère scrupule de manger un petit ou deux.

Les sangliers vivent en tribus ou familles, qui résistent en corps à toutes les agressions des chiens et des loups les plus forts, se plaçant à la circonférence pour repousser l'attaque, et les plus faibles se mettant à l'abri dans le centre.

Ces tribus de sangliers labourent profondément la terre pour y chercher des racines, dévastent les vignes et les champs de blé.

On les chasse à l'affût, au piége, au filet, ou à force ouverte avec des chiens qui tiennent du mâtin et du bouledogue. Le sanglier vit jusqu'à trente ans et conserve, jusqu'à la fin, sa force, sa hardiesse et son intrépidité.

Les pauvres, qui font en général un grand usage de gland pour l'engrais du porc domestique, doivent savoir en tirer le meilleur parti possible. Pour rendre les glands plus nutritifs et meilleurs, on les jette dans une fosse creusée à cet effet, et on les couvre de terre après les avoir arrosés. Il faut les laisser ainsi jusqu'à ce qu'ils soient germés. Alors, on les donne à manger, délayés dans de l'eau.

Notes et Devoirs.

1. Relire la leçon, fermer le livre, et résumer par écrit ce qu'on a retenu.

2. Conjuguer par écrit le verbe *parler* dans tous ses temps simples.

3. Adverbes d'*affirmation* : oui, certes, certainement, vraiment, aussi, volontiers. Faire une phrase sur chacun de ces adverbes.

4. Calcul. Franc. — Chercher combien il faut de pièces de 5 francs pour former un hectog., un kilog., un myriag. — Combien de pièces de 2 fr., de 1 fr., de 0 fr. 50, de 0 fr. 20, pour faire chacun de ces poids. — Combien de pièces de 1 centime, 2 centimes, 5 centimes, 10 centimes, pour peser 3 décag., 6 hectog., 9 kilog., etc.

Divisions à effectuer :

$\frac{100^g}{25^g} =$ $\frac{1000}{25} =$ $\frac{10000}{25} =$ $\frac{100 \times 2}{5} =$

$\frac{100}{10} =$ $\frac{1000}{10} =$ $\frac{10000}{10} =$ $\frac{1000 \times 4}{5} =$

$\frac{100}{5} =$ $\frac{1000}{5} =$ $\frac{10000}{5} =$

8. Les Rongeurs.

Cette famille, dont le type est le rat, comprend une foule de petites espèces dont les formes, les mœurs et l'organisation se rapprochent plus ou moins de cet animal.

Nous ne parlerons que des principaux : l'écureuil, la marmotte, le campagnol, le castor et le lièvre.

L'*écureuil* est le plus joli petit quadrupède de nos bois; il est répandu dans les parties froides et tempérées de l'Ancien Monde.

Ses mœurs sont assez curieuses. Pendant une partie de la journée, il reste caché dans un nid sphérique, qu'il construit avec beaucoup d'art sur les branches les plus élevées des plus grands arbres.

Vers le soir, on les voit sauter de branche en branche avec une grâce et une agilité extrêmes. Ils ne s'engourdissent pas en hiver et ont l'instinct d'amasser, pendant l'été, les provisions nécessaires à leur subsistance pendant l'hiver.

Ils se nourrissent de noisettes, de glands, d'amandes, etc., et cherchent toujours le moyen de cacher ce qui leur reste. Le tronc d'un arbre creux devient ordinairement leur magasin; ils font plusieurs réserves dans des cachettes différentes, et ils savent très-bien les reconnaître, même sous la neige, qu'ils écartent avec leurs pattes.

Notes et Devoirs.

1. Copier la leçon en entier.
2. Conjuguer par écrit tous les temps simples du verbe finir.
3. Adverbes de *négation* : non, ne, pas, point, ne pas, ne point, nullement, rien, non plus, etc. Faire une phrase sur chacun de ces adverbes.
4. Calcul. Franc. — Pour savoir, par exemple, com-

bien il faut de *décimes* pour faire 1 kilog. ou 1000 grammes, on divise 1000 grammes par 10 grammes poids du décime $= \frac{1000}{10} = 100$ décimes. Donc, pour trouver le nombre de pièces nécessaires pour faire équilibre à un poids quelconque, 30 kilog., 7 hectog., 8 décag., etc., il faut diviser le nombre de *grammes* de ce poids par le *poids*, exprimé en grammes, de la pièce qu'on considère. — Divisions :

$$\frac{30000}{25} = \qquad \frac{700}{10} = \qquad \frac{80}{5} =$$

---

9. Les Rongeurs (*suite*).

La *marmotte* est connue de tout le monde; car les petits Savoyards, qui viennent dans nos villes mendier leur existence, en promènent souvent dans nos rues.

Cet animal est à peu près de la taille d'un lapin, et son pelage est d'un gris roussâtre avec des teintes cendrées vers la tête. Il habite les Alpes à une hauteur considérable; son terrier se trouve en général immédiatement au-dessous des neiges perpétuelles, et c'est là que les montagnards vont le chercher pendant l'hiver, lorsqu'il est endormi et roulé dans son lit de foin.

En général, on trouve plusieurs marmottes dans le même terrier, qu'elles ont soin de bien garnir de foin, et dont elles bouchent l'entrée avec de la terre à l'approche de la saison froide; elles vivent en société et ne s'éloignent jamais beaucoup de leur retraite : on assure que, lorsque la troupe est dehors, elles placent toujours au sommet d'un rocher voisin une sentinelle qui, par un sifflement aigu, avertit ses compagnes de l'approche du danger. Leur peau est employée comme fourrure de bas prix, et les montagnards mangent leur chair.

Notes et Devoirs.

1. Dicter la leçon en entier.
2. Conjuguer par écrit tous les temps simples du verbe *recevoir*.
3. Adverbes d'*interrogation* : combien, comment, pourquoi, où, quand? — Adverbes d'*exclamation* : que, combien, certes! — Faire une phrase sur chacun de ces adverbes.

4. Calcul. Are. — Prenons une feuille de papier, faisons un premier carré de 1 décim. de côté, et un deuxième de 3 décim. de côté. En pliant chaque côté dans le sens de la diagonale, nous remarquerons que les angles et les côtés sont égaux dans chaque carré. En mesurant le plus grand carré par le décim. carré, pris pour unité de mesure, on trouve qu'il y est contenu neuf fois. — Divisions avec preuve :

$360 \times 16 = 5760.$ $\qquad$ $700 \times 47 = 32900.$

$\frac{5760}{360} =$ $\qquad$ $\frac{32900}{47} =$

$\frac{5760}{16} =$ $\qquad$ $\frac{32900}{700} =$

10. Les Rongeurs (*suite*).

Le *campagnol*, de la taille d'une souris, est bien connu dans les campagnes par les ravages qu'il y cause. Il n'entre pas dans les maisons et choisit de préférence les jardins et les champs où il trouve des grains, où il se creuse une demeure souterraine, composée de plusieurs cellules en communication entre elles, et ayant diverses issues. En hiver, il se retire dans les bois.

Quand ils envahissent un champ de céréales, ils en deviennent les maîtres. Ils détruisent la semence que l'on met en terre et celle qui vient de mûrir.

On n'a aucun moyen de s'opposer à leurs ravages, et l'on ne peut travailler utilement à leur destruction qu'à l'époque des labours et des semis.

On peut dresser des chiens à en faire la chasse, et les cultivateurs soigneux font suivre la charrue, en second labour d'automne, par des enfants qui, avec un faisceau de baguettes, tuent tous ceux que le soc amène au jour. C'est lorsque l'été est sec qu'ils sont le plus à craindre ; heureusement qu'ils ont des ennemis redoutables, tels que les oiseaux de proie, les renards, les chats, les fouines et les belettes, qui leur font une guerre perpétuelle.

Notes et Devoirs.

1. Relire la leçon, fermer le livre et résumer par écrit ce qu'on a retenu.

2. Conjuguer par écrit tous les temps simples du verbe *rendre*.

3. Résumer par écrit ce qu'on sait sur les trois règnes de la nature.

4. En mesurant dans le grand carré les deux côtés qui aboutissent à un même angle avec le côté du carré pris pour unité de mesure et en multipliant les deux longueurs, on trouve le même résultat 9, comme hier. Or, si on mesure avec le décimètre, on trouve au résultat des décimètres carrés; si on mesure avec le mètre, on trouve des mètres carrés. Donc, pour savoir combien il y a de décimètres carrés, de metres carrés, etc., dans l'intérieur d'une chambre, on en mesure les deux côtés adjacents avec le décimètre ou le mètre, et on multiplie les deux nombres trouvés. — Divisions avec preuve :

$$\frac{732843}{427} = \qquad \frac{932674}{8643} =$$

---

11. Les Rongeurs (*suite*).

Les *castors*, dont la vie est toute aquatique et qui sont de véritables architectes, vivent dans le voisinage des lacs et des fleuves. Ceux du Canada se distinguent entre tous les autres par leur industrie.

L'été, ils se retirent dans les terriers qu'ils se creusent sur le rivage; mais pendant l'hiver, ils habitent dans des huttes construites sur le bord et au milieu des eaux.

Leurs fortes incisives leur servent à couper toutes sortes d'arbres, qu'ils ont soin de prendre au-dessus du point où ils travaillent, afin que le courant des eaux les amène au point où ils ont d'abord établi une digue formée de branches entrelacées et crépies d'un enduit épais et solide.

Ils construisent leurs huttes contre la digue. Chaque hutte a deux étages : le supérieur, à sec, pour les animaux; l'inférieur, sous l'eau, pour les provisions d'écorces dont ils se nourrissent. Il n'y a que cet étage qui soit ouvert au dehors, et la porte donne sous l'eau sans avoir de communication avec la terre.

Les travaux des castors ne se poursuivent que la nuit, mais ils se font avec une rapidité étonnante. Lorsque la saison des neiges approche, ces animaux se rassemblent en grand nombre et se mettent à réparer les huttes qu'ils avaient abandonnées au printemps, ou à en construire d'autres.

Notes et Devoirs.

1. Copier la leçon en entier. Conjuguer en entier le verbe *chanter*.
2. Résumer par écrit ce qu'on sait sur l'hippopotame, le rhinocéros et l'éléphant.
3. La conjonction est un mot invariable qui sert à lier les mots, les propositions ou les phrases au moyen des rapports qu'elle établit entre ces parties.
4. Dans un mètre carré, combien y a-t-il de décimètres carrés, de centimètres carrés, de millimètres carrés? Dans un hectomètre carré, combien y a-t-il de décamètres carrés, de mètres carrés, etc.? — Le mètre carré a 10 décimètres de côté; il contient donc 10×10 ou 100 décimètres carrés. Il a 100 centimètres de côté; il contient donc 100×100 ou 10000 centimètres carrés, etc. — Divisions avec preuve :

$$\frac{903843}{309} = \qquad\qquad \frac{478326}{947} =$$

---

12. Les Rongeurs (*suite*).

Les *lièvres* sont communs en Angleterre, en Suède, en Allemagne. L'Autriche fournit tous les ans un million de peaux, et en Crimée le commerce en est considérable. Dans l'Asie-Mineure et en Egypte, on en élève par milliers. Le sol de notre France seul se fait tous les jours plus inhospitalier pour ces animaux.

Pendant l'été, les lièvres se tiennent assez dans les champs, dans les vignes pendant l'automne, et pendant l'hiver dans les buissons et dans les bois.

Les lièvres et les lapins ne sympathisent pas entre eux, et on les voit rarement se multiplier dans un voisinage réciproque.

Il paraît que, malgré leurs grands yeux, les lièvres ont la vue faible; tapis pendant le jour dans leur gîte qu'ils arrangent de manière à ce qu'ils y reçoivent l'hiver le soleil du Midi, et l'été la brise du Nord, ils dorment beaucoup, mais le moindre bruit les fait fuir.

C'est pendant la nuit, au clair de la lune, qu'ils vont faire leur repas. Ils se nourrissent d'herbes, de racines, de feuilles, de fruits et de grains. L'influence du terrain et du climat apporte de grandes différences à leur couleur et à la saveur de leur chair. Ceux qui paissent le serpolet et les autres herbes fines, sur les collines élevées, ont sur tous les autres une supériorité incontestable.

Notes et Devoirs.

1. Dicter la leçon en entier. Les élèves pourront corriger eux-mêmes les fautes en consultant le texte de la leçon. Conjuguer en entier le verbe accomplir.

2. Résumer par écrit ce qu'on sait sur les chevaux sauvages.

3. Il y a des conjonctions qui servent à marquer la liaison, la suite, la similitude : et, soit, puis, tantôt, même, enfin, de même que, ainsi que, ni, non plus que, pas plus que. Employer dans une phrase chacune de ces conjonctions.

4. L'élève remarquera sur le terrain même, que décamètre carré ne veut pas dire dix mètres carrés ; mais que cela signifie un carré ayant un décamètre de côté et, par conséquent, 100 mètres carrés de surface ; et ainsi des autres mesures agraires. L'*are*, c'est le décamètre carré ; l'*hectare*, l'hectomètre carré ; et le *centiare*, le mètre carré. Ainsi, 73449 mètres carrés peuvent se lire : 73439 centiares, 734 ares 39, ou 7 hectares 34 ares 39 centiares, ou 7 hectom. carrés 3439, etc.

Divisions avec preuve :

$$\frac{73847}{93} = \qquad \frac{79387}{704} =$$

---

13. Les Cétacés (du mot *cétos*, baleine).

La famille des cétacés comprend des animaux marins gigantesques : les baleines, les cachalots, les dauphins, les narvals, les marsouins et les lamantins.

La *baleine* atteint en longueur 20 à 25 mètres sur une circonférence de 10 à 12 mètres, et pèse de 70 à 100000 kilog. Sa gueule a de 2 à 3 mètres de largeur sur 3 à 4 mètres de hauteur intérieurement. Sous sa peau s'étend une couche très-épaisse de tissu lardacé dont on extrait jusqu'à 60 et 80 quintaux d'une huile très-précieuse pour l'industrie.

Pour s'emparer d'un animal si redoutable, un pêcheur expérimenté, monté sur une barque légère, s'en approche avec précaution pendant son sommeil, et lui lance un harpon près d'une nageoire pectorale. La baleine surprise plonge aussitôt, emportant avec elle le fer du harpon, auquel est attaché une immense corde qui suit l'animal jusqu'au fond de la mer. Bientôt, la baleine reparaît pour respirer; on la frappe encore et l'on répète les coups jusqu'à ce qu'elle soit affaiblie et meure. Elle est ensuite traînée aux vaisseaux ou au rivage, où on la dépèce pour en mettre la graisse dans des tonneaux. L'huile de la baleine entre dans la fabrication du gaz à éclairage, des savons noirs, du goudron et dans la préparation des cuirs.

Notes et Devoirs

1. Résumer par écrit ce qu'on a retenu de la leçon. Conjuguer en entier le verbe apercevoir.
2. Résumer par écrit ce qu'on sait sur le sanglier.
3. Il y a des conjonctions qui servent à marquer la séparation, la restriction, l'opposition : ou, ou bien, sinon, mais, pourtant, néanmoins, au contraire, cependant. Employer dans une phrase chacune de ces conjonctions.
4. Combien d'ares, d'hectares et de centiares y a-t-il dans chacun de ces nombres : 8 hectares 45, 7 ares 39, 936 hectares 3748, 790 hectares 05? Combien d'hectares dans 7328 ares, 930 ares 75, 93274 centiares, 9 ares, 7 centiares? Combien d'ares dans 28 hectares, 294 centiares, 974932 centiares, 3 hectares, 10003 centiares, etc.? — Faites l'addition des nombres précédents en leur donnant l'are pour unité, c'est-à-dire en les exprimant ainsi : 845 ares, 7 ares 39, 93637 ares 48, etc.

Division avec preuve : $\frac{79003847}{394} =$

14. Les Cétacés (*suite*).

Le *cachalot*, dont les dimensions égalent celles de la baleine, donne une espèce d'huile qui se fige par le refroidissement, et qui est connue dans le commerce sous le nom de *blanc de baleine*. C'est aussi dans les intestins du cachalot qu'on trouve la substance appelée *ambre gris*.

Les cachalots qui voyagent en troupes immenses de deux à trois cents individus, se rencontrent surtout dans le Grand-Océan. Ils poursuivent avec acharnement les jeunes baleines, les phoques, les requins eux-mêmes; l'homme n'est point à l'abri de leurs attaques, et la pêche de ces cétacés passe pour très-dangereuse.

Le ***dauphin***, que l'on trouve dans toutes les mers et quelquefois dans les fleuves, n'atteint pas plus de 2 mètres en longueur. Il suit les navires, semble lutter de vitesse avec eux, et étonne les passagers par la variété, l'agilité et la singularité de ses mouvements.

Le ***narval***, long de 5 à 6 mètres, est remarquable par une dent en forme de corne droite, sillonnée en spirale et souvent longue de 3 mètres. Ces cétacés habitent les mers du Nord, entre le Groënland et l'Islande. On les pêche surtout pour leur dent qui fournit un bel ivoire.

Notes et Devoirs.

1. Copier la leçon en entier. Conjuguer en entier le verbe *rendre*.
2. Résumer par écrit ce qu'on sait sur l'écureuil.
3. Il y a des conjonctions qui servent à marquer une condition : si, pourvu que, à moins que, à condition que. Faire une phrase sur chacune de ces conjonctions.
4. Combien y a-t-il de mètres carrés dans les nombres suivants : 11 hectares 73, 23 ares 40, 534 ares 73, 732743 centiares. Combien de décamètres carrés dans 73 ares 2748, 73 ares 20, 438743 centiares. Donner par écrit les réponses et les explications.
5. Effectuer les divisions suivantes avec preuve :

$$\frac{5847}{3} = 1949 \qquad \frac{5847}{1949} =$$

$$\frac{8643}{6} = 1440 \qquad \frac{8643}{1440} =$$

$$\frac{6796}{4} = \qquad \frac{6796}{1699} =$$

$$\frac{9758}{7} = \qquad \frac{9758}{1394} =$$

15. Les Cétacés (*fin*).

Les ***marsouins***, dont les plus gros atteignent quelquefois 8 mètres, se trouvent dans les mers de l'Europe, dans l'Atlantique aussi bien que dans la Méditerranée. Il est assez commun sur nos côtes et remonte quelquefois les fleuves. Il vit en troupes. La chair du marsouin a un goût assez désagréable; cependant elle sert de nourriture chez quelques peuples du Nord. Les marsouins donnent une grande quantité de graisse, qu'on utilise dans l'industrie.

Les *lamantins* se trouvent dans les mers des pays chauds. Ceux que l'on voit à l'embouchure de l'Orénoque et de la rivière des Amazones, ont reçu les noms vulgaires de *bœuf marin*, *sirène*, etc. Ils atteignent la taille de 6 mètres de longueur et peuvent peser jusqu'à 4000 kilog.

Ils sont d'un naturel fort doux, vivent en troupes et remontent souvent les fleuves à une grande distance.

Leur chair est excellente à manger, leur lait a une saveur agréable, et leur graisse, qui est fort douce, se conserve très-bien.

Notes et Devoirs.

1. Réciter en résumé la leçon entière. Conjuguer les temps simples du verbe labourer.
2. Résumer par écrit ce qu'on sait sur la marmotte.
3. Il y a des conjonctions qui servent à marquer la cause, le motif, le but : parce que, vu que, pour que, afin que. Employer dans une phrase chacune de ces conjonctions.
4. Combien y a-t-il d'hectomètres carrés dans 7334 hectares 7425, 3748 ares, 900436 centiares. Combien y a-t-il d'ares dans 7,348 hectomètres carrés, 727 mètres carrés, 3274 décamètres carrés, etc. Combien y a-t-il de centiares dans 4327 mètres carrés, 734 décamètres carrés, 837 hectomètres carrés.
5. Effectuer avec preuve les divisions suivantes :

$\frac{5847}{3} = 1949$ $\frac{85935}{5} = 17187$

$\frac{8643}{6} = 1440$ $\frac{85935}{17187} =$

$\frac{6796}{4} = 1699$ $\frac{17187}{5} =$

$\frac{9758}{7} = 1394$

---

16. Les Échassiers.

Cet ordre se compose des oiseaux dont les jambes, très-allongées, leur servent pour marcher à gué dans les eaux peu profondes, où ils cherchent leur nourriture. Ce sont : l'autruche, le casoar; les cigognes, les hérons et les grues; les bécasses, les courlis, les ibis; les poules d'eau, les râles, les flamants; les pluviers, les vanneaux et les outardes.

L'*autruche* est le plus grand des oiseaux et atteint 2 mètres 50 de haut. Elle vit en troupes dans les déserts sablonneux de l'Arabie et de toute l'Afrique. Ses œufs pèsent 1 kilog et demi, et cependant la femelle en pond un nombre considérable qu'elle dépose à terre dans un trou, en abandonnant l'incubation à la chaleur des rayons solaires.

L'autruche est herbivore; mais sa voracité est si excessive, qu'elle engloutit sans choix tout ce qu'elle rencontre, même les pierres, le fer, le verre. Elle court avec une rapidité si grande, qu'elle dépasse les meilleurs chevaux.

Les *casoars*, de même que l'autruche, acquièrent une taille très-élevée, courent avec une grande vitesse et ne peuvent se servir de leurs ailes pour voler. Ils habitent l'archipel indien et la Nouvelle-Hollande.

Notes et Devoirs.

1. Résumer la leçon par écrit. Mettre en colonnes tous les noms de la leçon et dire s'ils sont sujets ou compléments.

2. Dire oralement tout ce qu'on sait sur le campagnol.

3. Il y a des conjonctions qui servent à marquer la conséquence : donc, or, car, par conséquent, partant. Faire une phrase sur chacune de ces conjonctions.

4. Mettre la virgule à sa place dans les nombres suivants : 403843 millièmes, 7438 centièmes, 274 dixièmes, 73234 dix-millièmes, 7300048 millionièmes. Combien y a-t-il d'ares, d'hectares et de centiares, dans les nombres suivants : 734 mètres carrés, 83438740 centimètres carrés, 83483 décamètres carrés?

5. Divisions avec preuve :

$$\frac{72467}{8} = 9080 \qquad \frac{254872}{6} = 42478$$

$$\frac{72467}{9080} = \qquad \frac{42478}{6} =$$

$$\frac{9080}{8} = \qquad \frac{254872}{42478} =$$

17. Les Échassiers (*suite*).

La *cigogne*, qui passe l'hiver en Afrique, nous revient au printemps, et c'est au milieu des villes, dans les tours et les clochers élevés qu'elle établit d'ordinaire son nid.

Comme elle détruit une grande quantité d'animaux nuisibles dont elle fait sa nourriture, elle est partout respectée. Le peuple pense que les cigognes portent bonheur, et l'histoire de ces oiseaux célèbres est remplie de fables nombreuses.

On distingue la cigogne *blanche*, la cigogne *noire*, qui fréquente les marécages, et la cigogne *à sac*. Cette dernière vit en troupes dans le Sénégal et à l'embouchure de plusieurs fleuves de l'Inde.

Les *hérons*, qui vivent sur le bord des rivières ou dans les marais, restent isolés pendant le jour, mais se réunissent en troupe pour nicher ou pour émigrer.

La nuit, le héron se retire dans les bois de haute-futaie et en revient avant le jour. Il place son nid sur le sommet des arbres les plus élevés. Lorsqu'il est attaqué par quelque oiseau de proie, il cherche à échapper à son ennemi en s'élevant le plus possible dans l'air, et son vol est si puissant que souvent il disparaît à la vue en quelques secondes.

Notes et Devoirs.

1. Dicter la leçon en entier après que les élèves l'ont lue. — Mettre en colonne tous les adjectifs de la leçon et indiquer à quel nom ils se rapportent.

2. Dire par écrit tout ce qu'on sait sur les castors.

3. Il y a des conjonctions qui servent à indiquer le temps, le lieu, la quantité : quand, alors que, dès que, après que, plus loin que, plus que, moins que, etc. Faire une phrase sur chacune de ces conjonctions.

4. Mesurer un corps, le *cuber*, c'est évaluer en mètres cubes, en stères ou décistères le volume de ce corps. Le mètre cube prend le nom de *stère* lorsqu'il sert à mesurer le bois de chauffage. Le stère n'a qu'un seul multiple : le *décastère* et le *décistère*. — Divisions à effectuer :

$$\frac{365}{48} = 7 \qquad \frac{48}{7} = \qquad \frac{365}{7} =$$

$$\frac{154}{36} = 4 \qquad \frac{36}{4} = \qquad \frac{154}{4} =$$

18. Les Échassiers (*suite*).

Les *grues*, originaires du Nord, sont célèbres par leurs voyages périodiques. Elles viennent, en automne, s'abattre dans nos plaines marécageuses et nos terres ensemencées, puis continuent leur route vers le Sud, d'où elles reviennent au printemps.

Les grues nichent dans les terres basses et marécageuses des contrées septentrionales. Elles voyagent en troupes nombreuses, et quand elles dorment, une d'elles veille pour avertir ses compagnes par un cri d'alarme, lorsqu'un danger les menace.

La *bécasse*, à peu près de la grosseur de nos perdrix, est répandue dans presque tous les pays. En Europe, ces oiseaux habitent les montagnes pendant l'été, et en automne ils descendent dans les bois mieux abrités ; ils sont alors très-gras et recherchés par les chasseurs. Leur naturel est solitaire et sauvage, et ils voient mal pendant le jour ; aussi choisissent-ils la nuit pour chercher leur nourriture.

La *bécassine*, espèce plus petite, ne fréquente pas les bois, mais se tient dans les endroits bas et marécageux.

Les *courlis*, qui se tiennent d'ordinaire sur le bord de la mer ou dans les marais, ont le plumage brun, le croupion blanc et la queue rayée de ces deux couleurs. Les *ibis* ont le bec arqué comme les courlis, mais presque carré à sa base, au lieu d'être arrondi.

Notes et Devoirs.

1. Copier la leçon en entier. — Mettre en colonnes les articles ou adjectifs déterminatifs de la leçon, et en indiquer l'espèce.
2. Dire par écrit tout ce qu'on sait sur les lièvres.
3. Il y a de petits mots, appelés *interjections*, qui expriment les divers mouvements de l'âme, tels que la surprise, la joie, la douleur, la crainte : ho ! ha ! bah ! bravo, allons, courage, fi, peste, ah ! oh ! hélas ! aïe ! hola ! hé ! gare ! chut !
4. Pour donner une idée exacte des mesures de volume, faites deux cubes en carton de manière que l'un contienne l'autre, pulsieurs fois exactement. Mesurez devant les élèves et faites les mêmes remarques que pour la mesure d'un carré, en faisant comprendre que, pour mesurer un cube, il suffit de multiplier entre elles les longueurs des trois arêtes qui aboutissent au même

angle, et que, si on mesure avec le mètre, on trouve au produit des mètres cubes; si on mesure avec le décimètre, on trouve des décimètres cubes, etc.

---

19. Les Échassiers (*suite*).

La *poule d'eau* quitte en automne les pays froids et montueux pour descendre dans les plaines basses, et vivre, en général, sur les eaux dormantes. Pendant le jour, elle reste cachée au milieu des roseaux, et ne se hasarde à la chasse que le soir et la nuit.

Le *râle* arrive et part avec les cailles, dont il ne diffère guère que par la grosseur. Il se tient dans le voisinage des eaux, et court au milieu des herbes avec une grande vitesse. Son nid, qu'il fait dans les champs ou les taillis, n'est autre chose qu'un enfoncement creusé en terre et grossièrement garni de mousse et d'herbe.

Les *flamands* sont des échassiers très-singuliers, dont les mœurs sont aussi remarquables que leur mode de conformation. Ils vivent en troupes et, soit qu'ils se reposent, soit qu'ils pêchent ou qu'ils volent, on les voit toujours alignés comme des soldats. L'un d'eux remplit les fonctions de sentinelle. Ils se plaisent sur les plages humides et les bords des marais. Ils volent à la manière des grues et donnent à leur nid la forme d'un cône élevé et tronqué par le haut, sur lequel ils se mettent à cheval pour couver leurs œufs. Ces grands oiseaux, dont le plumage est d'un beau rose, se trouvent en Afrique et en Asie, et arrivent souvent en troupes nombreuses sur nos côtes méridionales.

Notes et Devoirs.

1. Résumer la leçon par écrit, après l'avoir lue attentivement. — Mettre en colonnes les pronoms de la leçon et en désigner l'espèce.

2. Dire oralement ce qu'on sait sur la baleine.

3. Dans les verbes conjugués interrogativement, le pronom sujet se met après le verbe avec un trait d'union ; dans les temps composés il se place entre l'auxiliaire et le participe. — On n'emploie jamais à cette forme l'impératif et les temps du subjonctif.

4. Dans la multiplication des nombres décimaux, on retranche toujours au produit autant de décimales qu'il y en a aux deux facteurs : ainsi 3,45 multiplié par 35,4 donnerait au produit trois décimales, c'est-à-dire 3 chif-

fres à droite de la virgule. Nous verrons plus tard pourquoi.

Effectuez les multiplications suivantes :

738,47 × 398,4	748,357 × 0,89
49,60 × 3,90	7,43 × 0,09

20. Les Échassiers (*suite*).

Les *pluviers*, dont le nom vient de ce que chez nous ils ne sont que de passage, et se montrent surtout à l'époque des pluies du printemps et de l'automne, vivent ordinairement en troupes nombreuses et fréquentent les bords de la mer, les marais et les embouchures des fleuves. On voit souvent, sur la plage, le pluvier doré, pousser un petit cri en frappant le sable humide de ses pieds, pour mettre en mouvement les vers et les autres petits animaux marins dont il se nourrit.

Les *vanneaux*, qui ressemblent beaucoup aux pluviers, arrivent en France par grandes troupes, vers le commencement de mars. Leur vol est puissant et élevé, et en s'élevant de terre il pousse un petit cri sec, dont les mots *dix-huit* rendent assez bien le son. Vers la fin d'octobre, les familles de vanneaux, dispersées jusqu'alors dans les champs marécageux, se rassemblent en bande de cinq à six cents individus, et émigrent vers le Sud.

Les *outardes*, dont le plumage est jaune avec traits noirs sur le dos, sont des oiseaux lourds et massifs, et atteignent souvent la grosseur de l'oie commune. Elles se plaisent dans les plaines rocailleuses et sablonneuses de l'Allemagne et de l'Italie. Pendant l'hiver, on en voit assez communément dans le nord de la France.

Notes et Devoirs.

1. Réciter en résumé la leçon en entier. — Chercher les pronoms de la leçon et dire de quel verbe ils sont sujets ou compléments.

2. Dire par écrit ce qu'on sait sur les cachalots, le dauphin et le narval.

3. On appelle *réguliers*, les verbes qui se conjuguent exactement comme le modèle de la conjugaison à laquelle ils appartiennent, et *irréguliers*, ceux qui ne suivent pas ce modèle à tous les temps.

4. Dans la division des nombres décimaux, on com

mence par *égaliser* le nombre de décimales dans les dividendes et le diviseur, puis on opère comme sur les nombres entiers (on dira plus tard pourquoi) et cette division revient alors aux cas précédents. Ainsi $\frac{73,46}{3,4}$ revient à $\frac{73,46}{3,40}$ ou $\frac{7346}{340}$; $\frac{473,253}{7,42}$ à $\frac{473,253}{7,420}$ ou $\frac{473253}{7420}$. — Effectuer ces divisions.

---

21. Les Rapaces (*rapax*, rapace).

Cet ordre comprend tous les oiseaux de proie diurnes et nocturnes : vautour, faucon, hobereau, émérillon, crécerelle; aigle, autour, épervier, milan, buse, hiboux.

Les *vautours*, dont la tête et le cou sont complètement nus, ont des ailes si longues, qu'en marchant ils sont obligés de les tenir demi-étendues. Leur vol est lent, mais ils s'élèvent à des hauteurs prodigieuses, et c'est en tournoyant qu'ils montent et qu'ils descendent dans l'air.

Ils sentent à des distances considérables les cadavres dont ils se nourrissent. Ils sont d'un naturel lâche et vivent en grandes troupes. Les vautours se montrent dans toutes les contrées, mais habitent principalement les régions équatoriales et tempérées. Ils se plaisent surtout dans les lieux les plus sauvages et établissent leur demeure sur quelque rocher inaccessible, près de la mer ou sur le bord d'un torrent.

Le *faucon*, à peu près de la grosseur d'une poule, est assez commun dans presque toutes les parties chaudes et tempérées de l'Europe, et recherche partout les rochers et les montagnes dont il ne descend que pour chasser la proie qui lui manque sur ses hauteurs. Un faucon de Jacques Ier, roi d'Angleterre, a vécu cent quatre-vingts ans. Le faucon se laisse dresser à la chasse; c'est ce qui avait donné lieu à la fauconnerie, distraction aujourd'hui abandonnée.

Notes et Devoirs.

1. Dicter la leçon en entier. Mettre en colonnes tous les verbes de la leçon et en indiquer les sujets, la personne, le temps et le mode.

2. Dire ce qu'on sait sur les marsouins et les lamantins. Devoir écrit.

3. Pour multiplier un nombre décimal par 10, 100, 1000, etc., il suffit de reculer la virgule à gauche de 1, 2 ou 3 rangs, etc. Pour le diviser par 10, 100, 1000, etc., il suffit de reculer la virgule à gauche de 1, 2 ou 3 rangs. En effet $4^m587 \times 10 = 45,87$; $4^m587 \times 100 = 458,7$, etc; et $\frac{400^m00}{10} = 40^m$; $\frac{400^m00}{100} = 4^m$; etc.

Faites ces opérations par la méthode ordinaire, et vous trouverez ces mêmes réponses.

Rendre 10, 100, 1000 fois plus petits les nombres suivants : 437^m4, 86^m40, 0^m436, 7348^m50, 7^m15, 0^m036. Rendez ces nombres 10, 100, 1000 fois plus grands.

22. Les Rapaces (*suite*).

Le *hobereau* est presque de moitié plus petit que le faucon. Il est assez commun en France et se trouve jusqu'en Sibérie. Sa demeure ordinaire est dans les bois voisins des champs et il niche sur les arbres élevés.

L'*émérillon*, qui n'est guère plus grand qu'une grosse grive, niche dans les rochers sur les montagnes boisées et se nourrit, comme le hobereau, d'alouettes, de cailles et autres petits oiseaux.

Les *crécerelles*, dont le nom vient du cri aigu qu'elles répètent fréquemment lorsqu'elles planent dans l'air, sont un peu plus grandes que le hobereau. On les connaît sous le nom d'*émouchets*. Ces oiseaux habitent les bois et se cachent souvent dans les masures et les clochers. Leur nourriture consiste en souris, grenouilles, mulots, lézards et petits oiseaux qu'ils prennent perchés.

L'*aigle*, de la grosseur d'une oie, a un vol élevé et rapide, des serres puissantes, une force musculaire très-grande et un courage à toute épreuve. Ces oiseaux sont sombres et farouches; ils vivent par paire au milieu des rochers et ne souffrent le voisinage d'aucun autre oiseau de proie. Ils se nourrissent de gros oiseaux, de lièvres, d'agneaux, et même de jeunes cerfs. Leur vue perçante leur permet de voir leur proie à de grandes distances, et c'est avec l'impétuosité d'un trait qu'ils fondent sur elle pour la déchirer.

Notes et Devoirs.

1. Résumer par écrit la leçon après l'avoir lue attentivement.

2. Dire oralement ce qu'on sait sur l'autruche et les casoars.

3. Les verbes de la 1re conjugaison se conjuguent tous comme le verbe *planter*. Le verbe *aller* seul est irrégulier.

4. Pour trouver combien le mètre cube vaut de décimètres cubes, de centimètres cubes, etc., mesurez les arêtes du mètre cube avec le décimètre, avec le centimètre, et vous avez dans le premier cas : $10 \times 10 \times 10 = 1000$ décimètres cubes; dans le deuxième cas : $100 \times 100 \times 100 = 1000000$ centimètres cubes. Par ce moyen, vous trouvez de suite le rapport des divers volumes entre eux. Effectuer les divisions suivantes :

$$\frac{3547}{527} = \qquad \frac{3547}{63} =$$

$$\frac{5741}{846} = \qquad \frac{5741}{16} =$$

23. Les Rapaces (*suite*).

L'*autour*, dont le plumage est brun en dessus et blanc en dessous, est commun en France et se trouve jusqu'en Sibérie et en Afrique. Il fréquente les montagnes basses et boisées et niche sur les arbres les plus élevés.

L'*épervier* a les mêmes couleurs que l'autour, mais il est plus petit. On le trouve dans presque toutes les parties du monde. Il se nourrit de petits oiseaux, de souris et même de limaçons, tandis que l'autour prend en outre des écureuils et des levrauts.

Les *milans* se distinguent par leurs ailes extrêmement longues et leur queue fourchue. Ces oiseaux volent avec une rapidité et une élégance extrêmes en décrivant des cercles, et semblent nager dans l'air; cependant, ils ne saisissent pas leur proie à tire d'aile, mais se rabattent dessus lorsqu'elle est posée à terre ou sur quelque élévation. Ils ne chassent que les petits mammifères, le menu gibier ou même les insectes seulement, et la faiblesse de leurs armes les rend singulièrement lâches.

Les *buses*, dont l'aspect triste et stupide leur a valu une certaine célébrité; elles guettent d'ordinaire leur proie, placées en embuscade sur un arbre.

Notes et Devoirs.

1. Dicter la leçon en entier. Chercher et mettre en colonnes les *adverbes* de la leçon, en indiquant le verbe qu'ils modifient.

2. Dire par écrit tout ce qu'on sait sur la cigogne et les hérons.

3. Lorsque la terminaison commence par un *a* ou par un *o*, on met une cédille sous le *c* dans les verbes en *cer*, et on intercale un *e* muet entre le radical et la terminaison dans les verbes en *ger*. Conjuguer les temps simples des verbes *menacer* et *manger*.

4. Il est à remarquer que décamètre cube ne veut pas dire *dix* mètres cubes, que décimètre cube ne signifie pas *dixième* du mètre cube, mais qu'on entend par là : cube ayant un *décamètre* d'arête, cube ayant un décimètre de côté, et ainsi des autres multiples et sous-multiples. Il ne faut donc pas confondre le décamètre cube avec *décastère*, ni le décimètre cube avec le *décistère*, puisque dans les derniers, les mots *déca* et *déci* conservent leur signification précise.

---

24. Les Rapaces (*fin*).

Les hiboux sont des oiseaux de proie qui supportent difficilement l'éclat de la lumière du jour, et c'est après le coucher du soleil et pendant la nuit qu'ils chassent les insectes, les oiseaux et les petits quadrupèdes dont ils se nourrissent.

Pendant le jour, ils se tiennent ordinairement immobiles et se cachent dans quelque réduit sombre, tel qu'une masure ou le creux d'un vieil arbre.

Les plumes de leurs ailes sont flexibles, disposition qui diminue la puissance de ces organes, mais qui est cependant utile aux chouettes, en leur permettant de voler sans bruit et de s'approcher ainsi de leur proie sans être entendues.

Après le coucher du soleil, ils sont la terreur des petits oiseaux ; mais, pendant le jour, on voit souvent les pinsons, les mésanges et autres se réunir en grand nombre autour d'une chouette blottie sur quelque branche, et la harceler avec acharnement. Et on voit alors l'oiseau de nuit prendre des postures bizarres et ridicules.

Le cri du hibou est lugubre, et cette circonstance, jointe à l'heure où il se fait d'ordinaire entendre, y a fait attacher par le vulgaire des idées superstitieuses. Cependant, ces oiseaux rendent réellement des services à l'agriculture, par la destruction des mulots et des souris.

Notes et Devoirs.

1. Réciter en résumé la leçon entière. Chercher et mettre en colonnes les *prépositions* de la leçon, en indiquant l'espèce de rapport qu'elles marquent.

2. Dire par écrit tout ce qu'on sait sur les grues, la bécasse et le courlis.

3. Les verbes qui ont un *e* muet à l'avant-dernière syllabe ou un *é* fermé, le changent en *è* grave devant une syllabe muette. Conjuguer les temps simples des verbes *mener, espérer*.

4. Un décamètre cube vaut 1000 mètres cubes, un décastère vaut 10 stères ou 10 mètres cubes. Un décistère est la dixième partie du stère ou mètre cube, un décimètre cube est la millième partie du mètre cube ou stère.

5. Effectuer les divisions suivantes :

$$\frac{3456}{12} = 288 \qquad \frac{1850}{45} = 41$$

$$\frac{3456}{288} = \qquad \frac{1850}{41} =$$

$$\frac{6549}{15} = 436 \qquad \frac{9781}{72} = 135$$

25. Les Grimpeurs.

Cette famille comprend les perroquets, les coucous, les pics et les toucans.

Les *perroquets*, qui parviennent à imiter la voix humaine, se servent de l'une de leurs pattes pour porter les aliments à leur bouche, pendant qu'ils restent perchés sur l'autre pied. A l'état sauvage, ils vivent en troupes plus ou moins nombreuses, se tiennent sur les bords des ruisseaux et prennent plaisir à se baigner plusieurs fois le jour.

Les *coucous*, dont le chant du mâle rappelle le nom, arrivent en France vers le mois d'avril et passent en Afrique en automne. Leurs mœurs offrent une particularité singulière. La femelle dépose ses œufs un à un dans des nids étrangers et a l'instinct de choisir celui d'un oiseau qui nourrit ses petits avec des aliments convenables au jeune coucou, tels que la fauvette, la grive, le merle; et, chose étonnante, la couveuse devient pour ces intrus une mère tendre et infatigable, quoiqu'ils la privent de ses propres petits en les rejetant du nid dont ils usurpent la place.

Les *pics* se nourrissent principalement de fourmis, qu'ils prennent en frappant avec leur bec sur l'écorce, ou en introduisant dans les fentes leur langue constamment imbibée d'une salive gluante.

Les *toucans*, oiseaux d'Amérique, sont remarquables par leur énorme bec.

Notes et Devoirs.

1. Résumer la leçon par écrit après l'avoir lue. Chercher et mettre en colonnes les *conjonctions* de la leçon, en indiquant l'idée de rapport qu'elles expriment.

2. Dire oralement ce qu'on sait sur la poule d'eau, le râle et les flamants.

3. Dans les verbes terminés en *eler* et *eter*, on double généralement l'*l* et le *t* du radical devant un *e* muet. Conjuguer les temps simples des verbes *appeler* et *jeter*.

4. Dans l'écriture des nombres décimaux exprimant la mesure d'un volume en mètres cubes, il faut d'abord énoncer le nombre de mètres cubes placés à gauche de la virgule, puis la fraction décimale, en la décomposant en tranches de *trois* chiffres chacune, et en donnant à la première le nom de décimètres cubes, à la deuxième celui de centimètres cubes, et à la troisième celui de millimètres cubes.

5. Effectuer avec preuve ces divisions :

$$\frac{6549}{436} = \qquad\qquad \frac{9781}{135} =$$

---

26. Les Conifères (forme d'un cône).

Les plantes, comme les animaux, vont nous fournir des sujets très-intéressants. La famille des conifères se compose, en grande partie, d'arbres verts et résineux, formant d'immenses forêts dans le nord de l'Europe et de l'Amérique. Tels sont : le mélèze, le pin, le sapin, le cèdre, le cyprès, l'if, le genévrier, le thuya.

Le *mélèze* peut facilement s'acclimater dans les pays tempérés. On le sème en mars ou avril. Outre son bois, qui peut se conserver dans l'eau pendant plus de mille ans, le mélèze fournit : de la *manne*, dont on fait usage en médecine comme purgatif; de la *gomme* qu'on obtient en fendant l'arbre; enfin de la *résine*, connue dans le commerce sous le nom de *térébenthine de Venise*.

Le *pin,* qui donne la résine sèche, s'élève à une grande hauteur, et on peut l'appeler le géant du règne végétal. A cet avantage, il joint celui de croître dans les terrains les plus arides, dans les montagnes, sur les côtes escarpées. Sa culture est des plus faciles et, dans les sols où les herbes ne poussent pas en abondance, il suffit presque de gratter et d'y jeter la semence pour former des forêts qui, avec le temps, enrichissent le sol. On peut le transplanter en tout temps, excepté pendant les gelées et les grandes chaleurs.

Notes et Devoirs

1. Dicter la leçon en entier. Mettre en colonnes les *noms* de la leçon en indiquant le genre, le nombre et la fonction, c'est-à-dire de quoi ils sont sujets ou compléments.
2. Résumer par écrit tout ce qu'on sait sur les pluviers, les vanneaux ou les outardes.
3. Les verbes en *eler* et *eler* qui suivent ne doublent pas, par exception, l'*l* et le *t :* céler, écarteler, geler, harceler, acheter, becqueter. — Conjuguer les temps simples des verbes *acheter, céler :* j'achète, je cèle, etc.
4. Le nombre $43^{m^3},740,327$ (m^3, signifie mètre cube et m^2, mètre carré) se lit ainsi : 43 m. cubes, 740 décim. cubes, 327 centim. cubes.
5. Divisions avec preuve :

$$\frac{37852}{24} = 1577 \qquad \frac{37852}{1577} =$$

$$\frac{64736}{96} = 674 \qquad \frac{64736}{674} =$$

$$\frac{72936}{25} = 2917 \qquad \frac{72936}{2917} =$$

---

27. Les Conifères (*Suite*).

Le *sapin,* à cinquante ans, avec un diamètre d'un pied, atteint quelquefois une hauteur de quarante mètres. Son bois, qui réunit la solidité à la légèreté, est d'un très-grand usage dans la menuiserie, la charpente et la marine. Cet arbre donne aussi la térébenthine, qui se forme sous l'épiderme de l'écorce pendant la circulation de la sève. En la distillant avec l'eau, elle donne l'*essence de térébenthine*, dont le résidu prend le nom de *colophane*.

Le *cèdre* est précieux par sa beauté et l'excellence de son bois odorant, rougeâtre et incorruptible. Jadis le cèdre couvrait les hautes montagnes du Liban ; aujourd'hui, il y est remplacé par des forêts de châtaigniers. En revanche, il est assez répandu en Europe. Le fameux cèdre du Jardin des Plantes, à Paris, est né en Angleterre, d'où il a été apporté en France en 1734, par B. de Jussieu.

Le *cyprès* commun ou pyramidal, remarqué par ses rameaux droits et serrés contre la tige, demande un climat chaud. Il croît dans les lieux aquatiques aussi bien qu'au milieu des rochers. Son bois, dur et d'un grain fin, est regardé comme incorruptible. Le cyprès est l'arbre des tombeaux à cause de sa couleur sombre, qui répand autour de lui un air de tristesse.

Notes et devoirs

1. Copier la leçon en entier. — Mettre en colonnes les *adjectifs* de la leçon et indiquer le genre, le nombre et la fonction de chacun.

2. Résumer par écrit ce qu'on sait sur le vautour et le faucon.

3. Les verbes en *éger* conservent toujours l'*é* fermé du radical, et les verbes en *yer* changent l'*y* en *i* simple devant l'*e* muet. Conjuguer les temps simples des verbes *protéger* et *employer*.

4. Le nombre $14^{m3},383,6$ se lira : 14 m. cubes, 383 décim. cubes, 600 centim. cubes (en ajoutant réellement ou par la pensée deux zéros à la droite de la troisième tranche, car il faut que chaque tranche ait toujours trois chiffres).

5. Effectuer avec preuve ces divisions :

$$\frac{548750}{36} = 15243 \qquad \frac{548750}{15243} =$$

$$\frac{365428}{75} = 4872 \qquad \frac{365428}{4872} =$$

$$\frac{4567}{123} = 37 \qquad \frac{4567}{37} =$$

28. Les Conifères (*fin*).

L'*if*, qui peut s'élever de douze à quinze mètres, se plante aussi autour des tombeaux à cause de sa verdure triste et permanente. Il croît avec une excessive lenteur et peut acquérir jusqu'à sept mètres de tour. Il fut un temps où il faisait partout l'ornement des jardins, et et on le pliait à toutes les formes : colonnes, arcades, vases, etc., manie ridicule heureusement passée de mode, car les arbres ne sont beaux que lorsqu'ils conservent leur liberté.

Le *genévrier* s'élève de quatre à cinq mètres dans les lieux arides où il croît abondamment. Toutes ses parties exhalent une odeur résineuse et aromatique ; de ses baies, qui mettent deux ans à mûrir, on extrait une huile essentielle, du vin et de l'eau-de-vie. Le genévrier de Virginie, dont le bois, d'une jolie couleur rouge, est incorruptible, est employé en Amérique aux constructions. Il s'élève de dix à douze mètres, et mérite d'être propagé par la culture, car il enrichirait les sables arides, les bruyères et les landes incultes où il croît facilement.

Le *thuya de Canada*, dont les rameaux sont en éventail et forment pyramide, fournit un bois d'un vert foncé, d'une odeur très-forte, qu'on emploie pour la fabrication des meubles et des bateaux.

Notes et Devoirs.

1. Réciter en résumé la leçon entière. — Mettre en colonnes les pronoms de la leçon ; en indiquer le genre, le nombre, la fonction, et dire de quel nom ils tiennent la place.

2. Résumer par écrit tout ce qu'on sait sur le hobereau, la crécerelle et l'aigle.

3. Quand une division donne un reste et qu'on veut connaître le quotient le plus approximatif, on ajoute un, deux, trois zéros, etc., à la droite du dividende, et on continue la division en descendant un à un les zéros à côté du reste, de la même manière qu'on a descendu chacun des autres chiffres du dividende ; mais il faut avoir le soin ensuite de retrancher, à la droite du quotient, autant de décimales qu'on a ajouté de zéros au dividende.

4. Effectuer les divisions suivantes en poussant le quotient jusqu'aux centièmes :

$$\frac{5432}{178} = 30 \qquad \frac{5432}{30} =$$

$$\frac{34581}{234} = 147 \qquad \frac{34581}{147} =$$

$$\frac{75319}{789} = 95 \qquad \frac{75319}{95} =$$

29 Les Ulmacées (de *ulmus*, orme).

Cette famille comprend l'aune, le bouleau, l'orme, le peuplier, le platane, le saule.

L'*aune* croît au bord des eaux et dans les terrains marécageux. Son bois précieux a la propriété de ne pas s'altérer dans l'eau, et il est employé dans la construction des conduits souterrains et des pilotis. On en fait aussi des chaises, des sabots et les boulangers le recherchent pour leurs fours. Quand on veut faire un semis au bord d'un ruisseau, on remue la terre au printemps et on y répand la graine qu'on a récoltée en automne et conservée dans un lieu frais; mais on a soin de ne pas la recouvrir, ce qui l'empêcherait de germer.

Le *bouleau* se multiplie de toutes les manières, comme l'aune, et il a l'avantage de croître dans des terres ou d'autres arbres ne pourraient être plantés avec succès, tantôt dans les sables arides et brûlés par le soleil, tantôt dans les marais fangeux.

Pour faire un semis, on répand la graine sur le sol, sans l'enterrer, au moment même où elle vient d'être recueillie, et sous l'abri de quelques ombrages. Quand on préfère une plantation, on fait arracher, dans les forêts, les plants de deux ou trois ans, et on les plante sans labourer la terre.

Notes et Devoirs

1. Résumer par écrit la leçon en entier. — Mettre en colonnes les verbes de la leçon et en indiquer le nombre, la personne, le temps, le mode et la conjugaison.

2. Résumer oralement tout ce qu'on sait sur l'autour, l'épervier, les milans et les buses.

3. Pour faire la preuve des divisions poussées jusqu'aux dixièmes, centièmes, millièmes, etc., on retran-

che, au produit de la *multiplication preuve*, autant de décimales qu'on en a mis au quotient. Il est évident aussi qu'on a eu le soin d'ajouter à ce produit le dernier reste, quand il y en a.

4. Pousser jusqu'aux millièmes les divisions suivantes :

$$\frac{987654}{345} = 2862 \qquad \frac{987654}{2862} =$$

$$\frac{864204}{895} = 965 \qquad \frac{864204}{965} =$$

$$\frac{6543210}{456} = 14349 \qquad \frac{6543210}{14349} =$$

---

30. Les Ulmacées *(suite)*.

L'*orme* indigène de nos forêts est non-seulement précieux par son bois, employé à la menuiserie, à la charpente et à l'ébénisterie, mais encore par la facilité de sa culture.

Tous les terrains et toutes les expositions lui conviennent ; sa croissance est rapide, et ses graines fournissent du plant l'année même où elles ont été récoltées.

Pour semer, on récolte la graine dès qu'elle est tombée, c'est-à-dire vers le mois de mai, en préférant celles des jeunes arbres à celles des vieux ; puis on sème aussitôt, dans une terre légère et bien préparée, en ne recouvrant la graine que de quelques millimètres d'épaisseur. On peut attendre pour replanter jusqu'à ce que le plant ait atteint l'âge de cinq ou six ans.

Personne n'ignore combien le *peuplier* est utile par la rapidité de sa croissance. En plantant des peupliers, on peut espérer de les voir dans leur force et de jouir de leur produit. Dans les sols qui favorisent leur végétation active, le père de famille peut, à la naissance de ses enfants, planter des arbres qui seront un jour leur dot.

On multiplie le peuplier par boutures de deux manières différentes : par plançons de six pieds ou par pouces de l'année. Ces dernières sont de beaucoup préférables. On remue la terre, et, au moyen d'une pioche, on plante les jeunes branches à un pied environ de profondeur et sans en couper les têtes. Le peuplier aime les terres humides et profondes.

Notes et Devoirs.

1. Copier la leçon en entier. — Mettre en deux colonnes les verbes de la leçon, d'un côté ceux qui sont au pluriel, d'un autre côté ceux qui sont au singulier.

2. Résumer par écrit tout ce qu'on sait sur les hiboux.

3. Les cubes étant de 1000 en 1000 fois plus grands ou plus petits, il faut nécessairement trois chiffres pour représenter chaque espèce d'unités; les carrés étant de 100 en 100 fois plus petits ou plus grands, il faudra deux chiffres pour chaque espèce d'unité carrée. Ainsi, on écrira 8 décim. cubes, 80 décim. cubes, 800 décim. cubes : $0^{m},008$; $0^{m3},080$ et $0^{m3},800$; tandis que 8 décim. carrés et 80 décim. carrés s'écrivent : $0^{m2},08$ et 0,80 décim. — 8 décistères s'écrivent simplement comme 8 décim., 8 décilitres, etc. : $0^{st},8$; $0^{l},8$.

4. Lire en mètres cubes et fractions de mètres cubes les nombres suivants : $9^{st},2$; $248^{decast},38$; $0^{st},4$; $0^{st},8364$; $35^{st},937423$; $0^{st},47$; $15^{st},0037$.

Faire l'addition de ces nombres et exprimer le total en décistères et en décim. cubes.

---

31. Les Ulmacées (*fin*)

Le *platane*, d'un bois excellent, parvenant à une grandeur monstrueuse, a encore l'avantage d'une croissance rapide. Il se plaît surtout dans un sol profond et frais.

Pour faire une plantation de platanes, il suffit de coucher dans la terre, pendant l'hiver, les branches de l'année précédente. On les relève à l'entrée de l'hiver suivant et on les transplante dans un lieu convenable. L'orme a l'avantage de prospérer à l'ombre et il peut être employé au regarnissage des forêts.

Le *saule* aime les bords des ruisseaux et les sols marécageux. On l'exploite en têtards, c'est-à-dire que tous les trois ou quatre ans on coupe les branches que le tronc a produites.

A l'âge de quatre ans, le produit des saules est à celui de bois taillis dans le rapport de 4 à 1 ; c'est-à-dire qu'il donne 4 fois plus : de là l'importance de planter des saules.

Prenez des branches de trois ou quatre ans, longues de six à huit pieds, aiguisez-les par le bout, mais de façon à conserver d'un côté toute l'écorce et enfoncez-les ainsi dans la terre avant ou après l'hiver, et votre plantation est faite.

L'*osier*, qui est une variété de saules, se multiplie uniquement par boutures. Après avoir préparé son terrain, on se contente de couper à un pied ou deux les plus gros bouts des jets les plus gros, et on les met en terre, ne laissant dehors que trois ou quatre pouces au plus. Toutes les saisons sont bonnes pour cette opération, excepté les chaleurs de l'été.

Notes et Devoirs.

1. Dicter la leçon en entier. — Mettre en trois colonnes les verbes de la leçon en ayant égard aux différentes personnes.
2. Résumer par écrit tout ce qu'on sait sur les perroquets, les coucous et les pies.
3. Les verbes en *yer*, *ier*, *ouer*, *uer* et *éer* conservent au futur et conditionnel l'*e* muet qui précède la terminaison, quoique cet *e* muet ne se fasse pas entendre dans la prononciation : je prierai, tu avoueras, etc. — Conjuguer les temps simples du verbe *continuer*.
4. Lire et additionner les nombres suivants :

	0^{m3}450347			734^{m3}030483
+	27 036		+	4063 303040
+	4 3086		+	72 306
+	38 04		+	0 00407
+	7 000420		+	832 6
			+	3 04

---

32. Les Cupulifères.

Cette famille, ainsi nommée à cause de l'espèce de coupe qui enveloppe le fruit (gland, noisette), renferme des arbres et des arbrisseaux communs dans nos forêts, tels que le chêne, le châtaignier, le hêtre, le charme, le coudrier.

Le *chêne* croît presque dans tous les terrains, mais il préfère un sol frais et profond; c'est là qu'il parvient à toute sa hauteur et qu'il vieillit pendant des siècles. Il n'aime pas à être planté seul, et il pousse plus vivement mêlé avec d'autres arbres. C'est par le semis qu'on multiplie le chêne; on choisit les glands les plus gros, les plus pesants et les plus colorés. On les sème dans le mois de la récolte ou au printemps, dans une terre labourée à la charrue, en les espaçant de huit pouces environ. On peut en même temps semer de l'orge ou de l'avoine, pour protéger le jeune plant et lui donner, dans la première année, la fraîcheur dont il a besoin.

Le *châtaignier* est un des arbres les plus précieux de nos forêts par la qualité de ses fruits, qui, dans une partie de la France, sont la principale nourriture des habitants.

Les semis de châtaignier se font à demeure ou en pépinière. Les pépinières doivent être établies sur un terrain remué, frais, à l'abri des vents, mais sans engrais, et, autant que possible, aux abords des ruisseaux et des rivières. Après quatre ou cinq ans ils peuvent être replantés.

Notes et Devoirs

1. Réciter en résumé la leçon entière. — Mettre en deux colonnes les verbes de la leçon en ayant égard aux temps simples et aux temps composés.
2. Résumer par écrit tout ce qu'on sait sur le mélèze et le pin.
3. Les verbes de la deuxième conjugaison se conjuguent presque tous comme *finir;* excepté ouvrir, couvrir, offrir, souffrir, cueillir, assaillir, tressaillir, qui se conjuguent au présent de l'indicatif et à l'impératif, comme *parler*, et quelques autres qui sont irréguliers. — Conjuguer le verbe *souffrir*.
4. Le maître pourra donner ici l'idée exacte des multiples et sous-multiples du stère et du mètre cube, au moyen de bâtons ou de baguettes qui en traceront exactement le cadre.
5. Divisions à pousser jusqu'aux millièmes :

$$\frac{1357928}{196} = 6928 \qquad \frac{1357928}{6928} =$$

33. Les Cupulifères (*suite*).

Le *hêtre* s'élève à une grande hauteur et forme, en Europe, de vastes forêts. Son bois, dont on peut tirer des poutres de cent pieds de long, est excellent pour les travaux de charpente destinés à rester sous l'eau. Sa graine demande à être semée aussitôt qu'elle est tombée, autrement elle se dessèche et perd sa faculté germinative. Le fruit du hêtre, appelé *faîne*, est fort agréable au goût et très-recherché de plusieurs animaux; on en retire une huile fort bonne à manger et à brûler.

Le *charme*, dont le bois donne un excellent charbon pour les foyers et la fabrication de la poudre, est très-employé dans le charronnage lorsqu'il est bien sec. Il se multiplie de ses graines, que l'on sème aussitôt après la récolte, dans une terre remuée, fraîche et ombragée. Ce n'est qu'au bout d'un an environ qu'elles lèvent; pendant ce temps, on sarcle, on arrose; mais une fois levé, le plant acquiert assez de force pour étouffer les herbes nuisibles.

Le *coudrier* ou *noisetier* peut être utile pour former des haies; et comme il ne craint pas l'ombre, on peut l'employer à cacher les murs au Nord; son fruit d'ailleurs est excellent à manger et on en fabrique de l'huile.

On fait venir le noisetier par rejetons et par marcottes (voyez FORÊT au *Dict. d'Ed.*). On raccourcit les branches des rejetons à cinq ou six pouces, et on a soin de faire les marcottes avec du bois de deux ans.

Notes et Devoirs.

1. Lire la leçon très-attentivement, fermer le livre et résumer par écrit ce qu'on a retenu.

2. Dire oralement ce qu'on sait sur le sapin, le cèdre et le cyprès.

3. Parmi les verbes de la troisième conjugaison, les verbes en *cevoir* et le verbe *devoir* se conjuguent comme *recevoir*. Les autres se conjuguent en général comme *voir* : je vois, je voyais, je vis, je verrai, que je voie; excepté pouvoir, vouloir, valoir, savoir, mouvoir et asseoir, qui sont irréguliers.

4. La *soustraction* sert : 1° à trouver la différence du prix de *vente* et du prix d'*achat* d'une même chose et à connaître par là le *gain* ou la *perte*; 2° à trouver la différence des *revenus* et des *dépenses* d'une maison et à connaître par là les *économies* et les *dettes*, etc. — Problème. J'avais $59^{m3}890$ de bois; j'en ai vendu $6^{st}9$; combien m'en reste-il de mètres cubes? — Rép. $52^{m3}990$

Divisions : $\frac{759715}{1392} = 545$ $\qquad \frac{759715}{545} =$

---

34. Les Urtilacées (*urtica*, ortie).

Cette famille, ayant pour type l'ortie, renferme des herbes, des arbrisseaux et des arbres, la plupart originaires des climats chauds : le mûrier, le figuier, le chanvre et le houblon.

Le *mûrier*, dont les feuilles servent de nourriture aux vers à soie, se multiplie généralement par semis. Dans le Midi, on doit semer aussitôt que la récolte est faite. Dans le centre et le nord de la France on ne sème qu'au mois de mai, lorsque les gelées ne sont plus à craindre. L'expérience a appris que par la greffe on faisait porter au mûrier des feuilles plus grandes et plus épaisses, et que, par conséquent, on le rendait plus propre à donner aux vers à soie une nourriture abondante.

On fait venir les *figuiers* par rejetons, par marcottes et par boutures. Les rejetons enlevés du pied des arbres et mis en pépinières commencent à donner du fruit au bout de cinq à six ans.

Toute la culture du figuier consiste à enlever les branches mal placées. S'il est atteint par la gelée, il suffit de le couper par le pied pour que ses racines produisent de nouvelles tiges, qui donnent des fruits dès la seconde année.

Notes et Devoirs.

1. Copier la leçon en entier. — Mettre en quatre colonnes les verbes de la leçon, en ayant égard aux conjugaisons.

2. Dire par écrit tout ce qu'on sait sur l'if et le genévrier.

3. Dans la quatrième conjugaison, les verbes en *dre* se conjuguent sur *rendre;* ceux en *indre* sur *craindre :* je crains, je craignais, je craignis, je craindrai, que je craigne; ceux en *ire* sur *nuire :* je nuis, je nuisais, je nuisis, je nuirai, que je nuise; les autres sont irréguliers. — Conjuguer les temps simples des verbes *craindre* et *nuire*.

4. La multiplication sert : 1° à trouver le prix de *plusieurs* choses quand on connaît le prix d'*une;* 2° à évaluer la surface d'une chambre, d'un jardin, d'un champ, d'un plancher, d'une porte, etc.

5. Un mètre carré de terrain coûte 3f75. Que coûteraient : 1° 735m²40; 2° 739ares67; 3° 4hectares2743?

Divisions : $\frac{641253}{4825} = 132$ $\qquad \frac{641253}{132} =$

---

35. Les Urticacées (*suite*).

Le *chanvre*, par ses usages nombreux, rend les plus grands services à l'homme. De ses tiges, on tire la filasse; de ses graines, on extrait une huile employée à la peinture, à l'éclairage, à la fabrication du savon et à beaucoup d'autres usages. Cette graine elle-même est une nourriture fort recherchée des volailles, et, après l'extraction de l'huile qu'elle contient, on en fabrique des tourteaux, qui sont, pour les animaux domestiques, un aliment substantiel dont ils se montrent fort avides.

Le principal usage du *houblon* est l'emploi de ses cônes ou fleurs femelles pour donner à la bière le goût amer aromatique qui caractérise cette boisson. On en fait un fait un grand commerce; celui qu'on récolte en France ne suffit pas aux besoins de nos brasseries, et on en tire une quantité considérable de l'Allemagne, de la Belgique ou de l'Angleterre. Il est en outre employé en médecine; ses jeunes tiges se mangent comme celles des asperges, et les feuilles retirées de ses tiges servent utilement à la nourriture des bestiaux. Le houblon croît naturellement dans les haies et broussailles du nord de la France et surtout dans les lieux humides.

Notes et Devoirs

1. Dicter la leçon en entier. — Mettre en colonnes les *pronoms* de la leçon, en ayant égard à leur espèce.

2. Dire par écrit tout ce qu'on sait sur l'aune et le bouleau.

3. On appelle verbes *transitifs* ceux après lesquels on peut mettre un complément direct; et *intransitifs* ceux qui ne peuvent avoir que des compléments indirects. — Conjuguer le verbe *sortir*.

4. La division sert : 1° à partager une somme en plusieurs parties égales, entre plusieurs personnes; 2° à trouver combien de fois un nombre en contient un autre; 3° à évaluer le prix d'une chose quand on connaît le prix de plusieurs; 4° à trouver le nombre d'objets, connaissant le prix d'un *seul* et de *plusieurs*.

Partager : 1° 394864 fr. entre 16 neveux; 2° 890 fr. entre 700 soldats; 937483 fr. entre 238 communes.

---

36. Les Linacées.

Cette famille renferme des herbes annuelles ou vivaces, dont la principale est le *lin*.

Les graines et les tiges du lin servent aux mêmes usages que celles du chanvre. Le lin arraché, on le fait *rouir*, c'est-à-dire macérer pendant un certain temps en étalant ses tiges sur un pré. Cette opération a pour but de faire dissoudre l'espèce de gomme qui colle ensemble les fibres de la filasse et de permettre de peigner le lin tout en lui conservant sa longueur. Quand la filasse est bien débarrassée de toutes ses chènevottes, par le teillage, elle est propre à être filée. Longtemps on ne sut filer le lin qu'au fuseau et au rouet; ce n'est que de nos jours qu'on a réussi à le fabriquer à la mécanique.

Le lin aime surtout les bonnes terres légères et les terres argileuses convenablement mêlées de sables. Dans les terres légères, il demande un labour assez profond. Il redoute à la fois le défaut et l'excès de l'eau, et quelle que soit la terre à laquelle on confie la semence, il lui faut des engrais abondants, des fumiers consommés, et un sol parfaitement divisé et remué.

Notes et Devoirs

1. Réciter en résumé la leçon entière. — Mettre en colonnes les pronoms : d'un côté, ceux qui sont au singulier; d'un autre, ceux qui sont au pluriel.

2. Résumer par écrit tout ce qu'on sait sur l'orme et le peuplier.

3. On distingue dans les verbes la forme *active*, la forme *passive*, la forme *réfléchie* et la forme *unipersonnelle*. — Quand le *sujet* fait l'action marquée par le verbe, la forme est *active* : j'aime mon père. Si le sujet éprouve l'action faite par un autre, la forme est passive : mon père est aimé par moi.

4. Sachant que 15 mètres de drap valent 300 fr., chercher la valeur de 60 mètres. — Si 15 mètres valent 300 fr., 1 mètre vaut la quinzième partie de 300 fr. ou $\frac{300}{15}$, et 60 mètres valent 60 fois plus que 1 mètre, c'est-à-dire 60 fois $\frac{300}{15}$ ou $\frac{300 \times 60}{15} = 1200$ fr. Effectuez cette formule et les suivantes qui en sont les preuves :

$$\frac{1200 \times 15}{300} = 300^{f}. \qquad \frac{15 \times 1200}{300} = 60^{m}.$$

$$\frac{60 \times 300}{1200} = 15^{m}.$$

---

37. Les Solanées.

Cette famille de plantes, qui abonde dans la zone torride, comprend la pomme de terre, la tomate, le piment et le tabac.

La *pomme de terre* s'accommode de presque tous les sols; elle peut croître sur les terres où la culture du blé serait stérile.

Un avantage de cette plante excellente, c'est qu'elle peut croître jusqu'à huit années de suite sur le même sol, sans autre diminution de produit que celle qui est déterminée par les variations des saisons et la quantité d'engrais que reçoit la terre.

Quand la pomme de terre est plantée, il ne faut pas lui ménager les façons d'entretien et de culture, son produit étant toujours en proportion des soins qu'elle a reçus.

Plus la pomme de terre a conservé son feuillage, qui l'abrite et la nourrit, plus sa récolte est abondante. C'est donc folie de faire pâturer par les bêtes ou couper, pour le leur faire manger, les pampres des pommes de terre avant leur maturité.

Pour conserver les pommes de terre pendant toute l'année, il suffit de les couvrir de sable bien sec, au printemps, et de raser toutes les pousses qu'on y aperçoit en les visitant.

Notes et Devoirs

1. Résumer par écrit la leçon après l'avoir lue. — Mettre en colonnes les pronoms : d'un côté les pronoms sujets, de l'autre les pronoms compléments.

2. Dire oralement ce qu'on sait sur le platane, le saule et l'osier.

3. Pour conjuguer la forme passive d'un verbe, il suffit de conjuguer simplement le verbe *être*, en ajoutant à chaque personne le participe du verbe que l'on conjugue. — Conjuguez le verbe *être aidé*.

4. Pour poser en chiffres le problème précédent, il suffit de mettre ceci : $\begin{matrix} 15^m = 300^f \\ 60^m = \quad x \end{matrix}$ et pour trouver la réponse x un simple coup d'œil suffit pour établir la formule : $\frac{300 \times 60}{15}$. Lire et écrire les problèmes suivants qui sont la preuve du premier et en poser les formules.

$$1^o \left\{ \begin{matrix} 60^m = 1200^f. \\ 15 \quad = \quad x \end{matrix} \right. \qquad 2^o \left\{ \begin{matrix} 15^m = \quad 300^f. \\ x \quad = 1200 \end{matrix} \right.$$

$$3^o \left\{ \begin{matrix} x \quad = \quad 300^f. \\ 60^m = 1200 \end{matrix} \right.$$

(Voy. *Dict. d'éducation*, article CALCUL.)

38. Les Solanées (*suite*).

La *tomate* se sème depuis le commencement de février jusqu'à la fin mars, afin de recueillir ses fruits à différentes époques.

Les plants, une fois levés, demandent à être éclaircis, sarclés, binés et arrosés. On replante dans une terre bien fumée et bien travaillée. Quand les tiges ont de trente à quarante centimètres, on en pince les sommets au-dessus des fleurs, afin de donner plus de grosseur au fruit.

Le *piment*, d'un goût âcre et brûlant, est employé dans divers ragoûts ou confit dans le vinaigre, à la manière des cornichons. Dans quelques pays, les pauvres gens les mangent verts avec un peu de vinaigre, pour assaisonner le pain qui forme leur frugal déjeuner.

Le *tabac*, originaire d'Amérique, nous était resté inconnu jusque vers le milieu du seizième siècle. Ce ne fut que vers l'an 1560 qu'il commença à être introduit en Europe; et depuis ce temps, devenant chaque jour plus nécessaire, il s'est établi comme un véritable impôt levé sur la fortune de tous ceux qui se laissent entraîner à ce goût.

Rien n'est plus facile que sa culture ; elle n'exige pas de grandes dépenses, et elle occupe beaucoup de terrains qui autrement seraient restés incultes. Pour faciliter la perception de l'impôt qui frappe cette denrée, la culture n'en est permise que dans certains départements.

Notes et Devoirs.

1. Dicter la leçon en entier. — Mettre les verbes de la leçon en deux colonnes : d'un côté les verbes transitifs, de l'autre les verbes intransitifs.

2. Dire par écrit tout ce qu'on sait sur le chêne et le châtaignier.

3. Lorsque l'action faite par le sujet se réfléchit sur lui-même, on dit que le verbe est réfléchi : *je me flatte*. Ces verbes prennent l'auxiliaire *être* dans leurs temps composés. Conjuguer en entier le verbe *se repentir*.

4. Problème. — Un ouvrier fait, par jour, $7^{m}50$ d'étoffe et reçoit $0^{f}58$ par mètre. Combien fait-il de mètres et combien gagne-t-il par mois de vingt-cinq jours de travail.

Mètres par mois : $7^{m}50 \times 25 =$
Gain par mois : $0^{m}58 \times (7.50 \times 25) =$

5. Division à effectuer :

$$\frac{2,805}{0,729} = 45 \qquad \frac{44,6082}{0,5710} = 78$$

$$\frac{32,805}{45} = 0,729 \qquad \frac{44,6082}{78} = 0,5719$$

39. Les Liliacées.

Cette folie famille, dont le lis est le type, comprend une grande variété de plantes, en général de bel aspect.

Il y a quelques liliacées employées en médecine : le lys, par ses oignons ; la scille, par ses bulbes ; l'aloès, par le suc résineux qne l'on extrait de ses immenses feuilles.

Parmi toutes les espèces de lis, le *lis blauc* a l'odeur la plus suave.

La *tulipe* des jardins, originaire de la Syrie, est un des plus beaux ornements de nos parterres. C'est par le semis que l'on se procure de nouvelles variétés.

La *jacinthe*, symbole de la douleur et de la délicatesse, renferme des plantes herbacées qui naissent d'une racine en forme d'oignon.

La *scille* (oignon marin) est formée de tuniques dont on fait usage contre l'hydropisie et les maux d'estomac.

L'*yucca*, originaire de la Floride et du Mexique, employé chez nous pour faire des haies d'une superbe beauté, est remarquable par la singularité de sa forme et de son feuillage.

L'*aloès*, dont les feuilles gigantesques donnent un fil très-fort et très-blanc, qui sert à faire les meilleures cordes, est une plante grasse qui nous vient de l'Afrique. A petite dose, l'aloès est tonique ; à grande dose, c'est un purgatif puissant.

Notes et Devoirs.

1. Copier la leçon en entier.

2. Résumer par écrit ce qu'on sait sur le hêtre, le charme et le noisetier.

3. Dans un problème quelconque, il faut d'abord distinguer la partie *connue* et la partie *inconnue*, et les poser en chiffres comme dans la leçon 37. Et remarquer ensuite que les questions les plus difficiles se réduisent souvent à chercher la valeur de l'unité, et à raisonner

sur ce point de départ. — Lorsque les quantités ne sont pas de même grandeur, comme 38 ares et $7^{hecta}65$, on les réduit ainsi : 38 ares et 765 ares, ou $0^{hecta}38$ et $7^{hecta}65$.

Problème : 38^{ares} de terrains valent $40^{f}50$; que coûteraient $7^{hecta}65$ de même qualité ?

On pose le problème ainsi : $\begin{matrix} 38^{ares} = 40^{f}50. \\ 765^{ares} = \quad x \end{matrix}$

Et on déduit cette formule : $\dfrac{40^{f}50 \times 765}{38} =$

5. Divisions à effectuer :

$$\frac{23,9793}{0,3579} = 67 \qquad \frac{66,864}{0,796} = 84$$

$$\frac{23,9793}{67} = 0,3579 \qquad \frac{66,864}{84} = 0,796$$

40. Les Cucurbitacées (de *cucurbita*, citrouille).

On compte dans cette famille : les melons, les citrouilles, les concombres et les pastèques.

Les *melons* se multiplient par semences. Le semis se fait sur couche, et, dès que la saison le permet, on les transplante ensuite en plein champ.

Lorsque les plants ont acquis un peu de force, on coupe l'extrémité de la tige, pour qu'ils produisent plus de branches latérales. Chaque branche doit porter un fruit ou deux, et lorsque le nombre de fruits conservés est bien déterminé, on enlève soigneusement les fleurs et les rameaux qui pourraient encore sortir des branches mères et qui attireraient la séve avec trop d'avidité.

La *citrouille* n'est pas seulement employée à la nourriture de l'homme, elle l'est aussi à celles des animaux, et, sous ce rapport, elle est, dans certains pays, un objet de grande culture.

Le *concombre,* comme la citrouille, se sème vers la fin d'avril, dans une terre bien préparée. On le taille de de façon à arrêter à deux yeux les deux bras qui poussent de la tige principale. Le concombre-cornichon ne doit pas être taillé du tout.

Le *pastèque* a la chair douce et sucrée, et la pulpe tellement fondante, qu'on peut les vider par un seul trou, en aspirant leur substance liquide. Dans les pays méridionaux, cette plante, cultivée en grand, forme, pour les animaux, une nourriture abondante.

Notes et Devoirs.

1. Réciter en résumé la leçon entière.
2. Mettre les verbes de la leçon en colonnes, en ayant égard à la forme *active*, *passive* et *réfléchie*.
3. Dire tout ce qu'on sait sur la culture du mûrier et du figuier.
4. Dans les divisions de nombres entiers ou décimaux, où le dividende est plus petit que le diviseur, on opère ainsi : le dividende contient le diviseur 0 fois (le quotient n'ayant pas d'unités). On continue : j'ajoute au dividende 0 dixième et je cherche le chiffre des dixièmes du quotient et ainsi de suite. Soit 3 à diviser par 4 : 3 | 4 (quotient 0,) ; j'avance le 0 dixième et j'ai : 30 | 4 (28, reste 2 ; quotient 0,7) et ainsi de suite.

$$\begin{array}{r|l} 3 & 4 \\ \hline & 0, \end{array} \qquad \begin{array}{r|l} 30 & 4 \\ \hline 28 & 0,7 \\ \hline 2 & \end{array}$$

5. Exercice de calcul :

$$76,864 \times 687 = 52805,568.$$

$$\frac{52805,568}{76,864} = 687 \qquad \frac{52805,568}{687} = 76,864$$

---

41. Les Laurinées.

Les plantes les plus remarquables de cette famille sont : le laurier, le camphrier, le cannellier.

Le *laurier*, dont les branches ont servi de tout temps à couronner les vainqueurs, répand une odeur suave très-prononcée. Ses feuilles servent comme assaisonnement, comme aromate, et communiquent aux viandes une propriété stimulante qui facilite la digestion. Les anciens croyaient, que le laurier n'était jamais frappé de la foudre.

Le *camphrier*, qui a le port du tilleuil, croît au Japon, à Java, à Sumatra et à Bornéo, où l'on en extrait le *camphre* en chauffant des fragments de son bois, avec de l'eau, dans des cucurbites de fer. Le camphre entraîné par la vapeur d'eau, vient s'attacher, en forme de poudre grise, à des cordes disposées à cet effet dans l'intérieur de l'alambic. On fait usage du camphre dans les embaumements, dans les affections nerveuses, dans la préparation des vernis, dans les feux d'artifices, et surtout pour conserver les étoffes de laine et les collections d'histoire naturelle. Pris à trop forte dose, c'est un violent poison.

Le cannellier a plusieurs variétés qui toutes donnent de la cannelle plus ou moins bonne. La meilleure est celle de l'île de Ceylan. La cannelle n'est autre chose que l'écorce intérieure des jeunes pousses et des branches de cet arbre.

Notes et Devoirs.

1. Résumer par écrit ce qu'on a retenu de la leçon. — Conjuguer le verbe *se ruiner*.

2. Dire oralement ce qu'on sait sur le chanvre et le houblon.

3. On donne le nom de forme *unipersonnelle* à une forme avec laquelle le verbe ne s'emploie qu'avec la troisième personne du singulier et avec le pronom *il*.

4. Problemes. — 1° Que coûtent 8m60 de soie à 7f80 le mètre. — Réponse : 67f08.

2° Que valent 730^{m2} de terrain à 25f60 l'are ?

$$\left.\begin{array}{l} 1^{are} = 25^f60 \\ 7^{ares}\,30 = \quad x \end{array}\right\} 25^f60 \times 7{,}30 =$$

L'élève effectuera ces calculs et expliquera oralement ces problèmes.

5. Exercices de calcul à effectuer :

1° $358{,}075 \times 987 = 353420{,}025.$

2° $\dfrac{353420{,}025}{358{,}075} = 987 \qquad \dfrac{353420{,}025}{987} = 358{,}075$

3° $\dfrac{1377681{,}1048}{1859} = 741{,}08$

4° $\dfrac{1377681{,}1048}{741{,}0872} = 1859$

42. Les Polygonacées.

Plusieurs espèces de cette famille se recommandent par leur emploi utile.

La *rhubarbe* ou grande patience s'emploie comme tonique, et, à haute dose, comme purgative. Dans beaucoup de pays on mange ses feuilles et ses jeunes pousses.

Le *rumex* ou patience, dont la racine est regardée comme stomachique, ne se distingue de l'oseille que par la présence de tubercules à la base des folioles intérieures du calice et par une saveur peu acide.

L'*oseille* entre dans l'assaisonnement de beaucoup de mets, et se mange partout crue ou cuite. Elle commence à pousser aussitôt après la fonte des neiges et donne son feuillage à récolter pendant tout le cours de l'année. Lorsqu'on veut multiplier l'oseille par le déchirement de ses pieds, on les arrache en automne, et on les divise en autant de petits morceaux qu'il y a de rosettes de feuilles au collet des racines.

Le plus souvent c'est en bordures qu'on cultive l'oseille; la graine doit être légerement recouverte. Le plan levé est éclairci et arrosé pendant les fortes chaleurs, et, avec quelques soins, une plantation une fois établie peut durer jusqu'à dix ou douze ans.

Cette famille tire son nom de la forme de ses fruits qui ont, en général, la forme d'un polygone, comme le sarrasin dont nous avons parlé à propos des graminées et des céréales.

Notes et Devoirs.

1. Dicter la leçon en entier.—Mettre en deux colonnes les mots de la moitié de la leçon; d'un côté les mots variables, d'un autre les mots invariables.

2. Dire par écrit tout ce qu'on sait sur la culture du lin.

3. Problèmes. — 1° 45 mètres carrés de terrain ont coûté 25 fr. 30; que valent 13 hectares de ce même terrain?

$$\left.\begin{array}{l} 45^{m^2} = 25^{f}30 \\ 130000 = x \end{array}\right\} \frac{25{,}30 \times 130000}{45} =$$

2° Un ouvrier a travaillé 25 jours en un mois; un autre n'avait travaillé que 16 jours. Combien le premier a-t-il gagné de plus que le deuxième, la journée étant de 3f75. — Réponse : 33f75.

1er ouvrier $3{,}75 \times 25 =$
2e ouvrier $3{,}75 \times 16 =$
Différence de gain =

4. Divisions avec preuve :

$$\frac{0{,}324}{0{,}54} = 0{,}6 \qquad \frac{0{,}324}{0{,}6} = 0{,}54$$

---

43. Les Crucifères (de *crux*, croix).

La famille des crucifères, dont la giroflée est le type, renferme un assez grand nombre de plantes utiles : le *chou*, cultivé dans tous nos potagers, et dont le *navet* et la *rave* se rapprochent beaucoup; le *colza*, dont les graines, écrasées sous des meules ou la presse, rendent une huile qui s'emploie surtout pour l'éclairage, et dont le marc ou tourteau se donne aux bestiaux ou peut servir d'engrais; la *moutarde*, qui donne la farine dont on fait les sinapismes, et l'assaisonnement de même nom qu'on obtient en délayant cette farine avec du moût de vin ou de vinaigre; le *cresson*, qui se mange en salade; le *pavot*, qui fournit deux produits d'une grande utilité : l'*huile d'œillette* et l'*opium*.

Les semences du pavot sont si nombreuses, qu'un seul pied peut en fournir jusqu'à 36,000 ; c'est cette graine qui produit, par l'expression, l'huile d'œillette, employée comme aliment, pour l'éclairage et la peinture.

Lorsque, après la chute des fleurs du pavot, on fait au bas de la capsule qui renferme les graines une petite incision, il en sort un suc laiteux que l'on recueille avec soin. C'est un suc qui, évaporé et concentré en extrait solide, constitue l'opium, dont la principale vertu est d'apaiser les violentes douleurs et de disposer au sommeil.

—

Notes et Devoirs.

1. Copier la leçon en entier.

2. Faire l'analyse grammaticale d'une phrase, c'est prendre chaque mot un à un, en dire l'espèce, le genre, le nombre, la personne, la fonction, etc., et comprendre le rapport de tous ces mots entre eux :

3. Dire par écrit tout ce qu'on sait sur la pomme de terre.

4. Problèmes. — 1° Si 8m60 de soie reviennent à 67f08, à combien revient le mètre?

$$\left.\begin{array}{l} 8^{m}60 = 67^{f}08 \\ 1^{m} \;\;= \;\; x \end{array}\right\} \frac{67^{f}08}{8^{f}60} = 7^{f}80$$

2° Que vaut un jardin de 45m60 de long sur 36 m. de large, à 560 fr. l'hectare?

$$\left.\begin{array}{r} 10000^{m2} = 560^{f} \\ 45^{m}60 \times 36 = \;\; x \end{array}\right\} \frac{560 \times 45^{m}60 \times 36}{10000} =$$

5. Divisions avec preuve :

$$\frac{0{,}03648}{0{,}456} = 0{,}08 \qquad\qquad \frac{0{,}03648}{0{,}08} =$$

44. Les Ombellifères.

Dans cette famille de plantes, les fleurs sont disposées en *ombelle,* comme les branches qui soutiennent un parasol, tels sont : la carotte, le persil, la ciguë, le cerfeuil, le céleri, l'anis, le fenouil.

La *carotte* veut une terre très-remuée, fécondée par des fumiers qui aient déjà nourri une première récolte; car les fumiers récents lui sont contraires, en occasionnant des bifurcations dans les racines. On la sème en avril et en septembre, mais il faut avoir le soin de protéger les derniers semis pendant l'hiver en les couvrant de paille.

Le *persil* se sème en tout temps, excepté pendant les gelées. Sa graine, qui ne lève qu'au bout d'un mois ou quarante jours, ne doit pas être enterrée de plus d'un demi-pouce. Les fumiers trop gras nuisent à la saveur. Quand on a eu le soin de toujours couper ses tiges avant qu'elles ne fleurissent, on peut prolonger son existence et le faire durer pendant trois ans.

La *ciguë,* qui est un poison, croît sur les bords des eaux et dans les lieux frais et humides. Ses feuilles sont assez ressemblantes à celles du persil, mais c'est leur odeur qui les rend reconnaissables. A forte dose, la ciguë produit des engourdissements, des vertiges, et souvent les convulsions de la mort. Les vomitifs, puis le vinaigre mêlé avec de l'eau et à grande dose, sont le contre-poison qu'on doit y opposer.

Notes et Devoirs.

1. Dicter la leçon en entier. Analyser la première phrase de la leçon (oralement).

2. Dire par écrit ce qu'on sait sur la tomate, le piment et le tabac.

3. Dans les problèmes et les formules qui ont leur *réponse,* l'élève doit chercher, dans ses calculs, à vérifier si cette réponse est exacte. Les formules sans réponses doivent être effectuées au tableau noir par le maître, toutes les fois que les élèves ne trouveront pas tous la même réponse.

4. Exercices de calcul à effectuer.

1° $0,376 \times 0,47 = 0,17672$

2° $\frac{0,17672}{0,47} = 0,376$ $\frac{0,17672}{0,376} = 0,47$

3° 0,5978 $\times$ 0,76 = 0,454328

4° $\frac{0,454328}{0,76} =$ $\frac{0,454328}{0,5978} =$

45. Les Ombellifères (*suite*).

Le *cerfeuil*, dont les feuilles sont aromatiques, se mange en salade; on s'en sert aussi pour les assaisonnements. On le sème tous les quinze jours, parce que les feuilles jeunes et tendres sont plus agréables au goût.

Le *céleri* craint les gelées; c'est pourquoi on protége le jeune plant par des paillassons. Il est bon de ne pas semer trop épais, afin que les tiges ne soient pas trop pressées en grandissant. On le transplante avec grand soin sans endommager les racines, et en ne le laissant pas plus d'une heure hors de la terre.

L'*anis* est une plante annuelle dont les semences aromatiques sont regardées comme ayant des vertus stomachiques et digestives. On les emploie dans la fabrication de certains bonbons ou gâteaux, on en fait une liqueur recherchée (anisette), et l'on en extrait une huile grasse odorante et une essence agréable.

Le *fenouil* est une plante annuelle dont toutes les parties ont une odeur douce et aromatique. On tire l'huile de ses semences; on en fabrique des bonbons en les enveloppant de sucre; en Italie, on en mange les racines et les parties inférieures de la tige. On le sème au printemps et on en recouvre légèrement la graine.

Notes et Devoirs.

1. Réciter ce qu'on a retenu de la leçon. Analyser la première phrase de la leçon.
2. Dire par écrit ce qu'on sait sur le lis et l'aloès.
3. On achète 40 pièces de vin à 280 fr. chacune. Chaque pièce contient 160 litres de vin qu'on vend 2f50 le litre. Combien gagne-t-on?

Vente : 2f50 $\times$ 160l $\times$ 40 =
Achat : 280 $\times$ 40 =
Bénéfice = 4800f

4. Que vaut un tas de blé de 7m³820 à 258 fr. les 10 hectolitres?

Les $7^{m^3}820$ de blé valent 7820 décim. cubes ou litres, ou encore $78^{hectol}.20$.

$$\text{Donc : } \begin{matrix} 10^h = 258^f \\ 78^h20 = x \end{matrix} \left\{ \frac{258 \times 78,20}{10} = \right.$$

5. Exercices de calcul :

$095 \times 0,659 = 0,62605$

$$\frac{0,62605}{0,659} = \qquad \frac{0,62605}{0,95} =$$

46. Les Labiées.

C'est une des plus importantes familles végétales, à cause des nombreux produits qu'elle fournit aux arts et à la médecine. On distingue : la sauge, la menthe, la lavande, le romarin, la mélisse, le thym, le serpolet, le basilic, le patchouli.

La *sauge* (de *salvare*, sauver), employée en médecine comme tonique et excitante et dont les Chinois font une infusion qu'ils préfèrent au thé, embellit, par ses jolies fleurs bleues, les vignes, les prairies et les bords des champs. Elle remplace le houblon dans le Nord pour la fabrication de la bière.

La *menthe*, dont l'odeur, très-agréable, ne diminue pas par la dessiccation de la plante, a une saveur poivrée et camphrée qui laisse dans la bouche une sensation de froid très-marquée. Elle est tonique et fortement excitante.

La *lavande*, cultivée à cause de son odeur aromatique, croît naturellement sur les collines sèches et dans les terrains incultes. Elle conserve ses feuilles toute l'année et fleurit pendant une partie de l'été. On en fait des infusions dans l'eau-de-vie, et on en tire une huile essentielle appelée *huile d'aspic*. On plante la lavande en bordure dans nos jardins, et on la multiplie par graines, racines ou boutures.

Notes et Devoirs.

1. Résumer par écrit ce qu'on a retenu de la leçon.
2. Conjuguer les verbes irréguliers *aller* et *envoyer*. Je vais, tu vas, il va, nous allons, vous allez, ils vont. J'allais; j'allai, j'irai; va, allons, allez; que j'aille. — J'envoie: j'envoyais; j'envoyai; j'enverrai; que j'envoie.

3. Dire par écrit tout ce qu'on sait sur les melons, la citrouille, le concombre.

4. En vendant 48 pièces de vin de 160 litres chacune à 2f50, on a gagné 4800 fr. Combien a dû coûter ce vin ?

Vente : 2f50 × 160 × 40 =
Bénéfice = 4800f
Prix d'achat =

5. Exercices de calcul :

$$0{,}9765 \times 0{,}807 = 0{,}7880355$$

$$\frac{0{,}7880355}{0{,}807} = 0{,}9765$$

$$\frac{0{,}7880355}{0{,}9765} =$$

47. Les Labiées (*suite*).

Le *romarin*, arbrisseau de un à deux mètres, est cultivé dans les jardins pour l'odeur suave de ses feuilles et de ses fleurs. On l'emploie en médecine comme tonique et excitant. Employé à l'extérieur, bouilli dans le vin, il fortifie les membres, prévient la gangrène et rétablit la sensibilité. Il est le symbole de la franchise et de la bonne foi.

La *mélisse*, ou citronnelle, est cultivée en bordure dans les jardins. Elle a une odeur de citron assez prononcée, et son parfum augmente d'intensité après la dessiccation. Employée en infusion, qu'on prend en petites tasses en guise de thé, elle jouit de propriétés excitantes, et c'est surtout dans les langueurs et les débilités d'estomac que son usage est efficace.

Le *thym*, symbole de l'activité et de la jalousie, est employé comme assaisonnement à cause de son odeur aromatique. On le plante en bordures que l'on tond tous les ans après la fleur. On peut le multiplier par le déchirement de ses vieux pieds.

Le *basilic*, remarquable par son odeur suave, donne une infusion stimulante et fournit un assaisonnement très-agréable. Si l'on veut en jouir longtemps, il faut le tondre en boules au moment de la floraison.

Le *patchouli*, originaire de l'Inde, est remarquable par son odeur forte et éloigne les insectes des vêtements de laine.

Notes et Devoirs.

1. Dicter la leçon en entier; les élèves se corrigeront réciproquement au moyen du texte.

2. Dire par écrit tout ce qu'on sait sur le laurier, le camphrier, le cannellier.

3. Conjuguer le verbe irrégulier *acquérir.* J'acquiers, nous acquérons, ils acquièrent; j'acquis, j'acquerrais, que j'acquière. Conjuguez de même tous les verbes en *quérir.*

4. On a gagné 4800 fr. dans la vente de 40 pièces de vin de 160 litres chacune, qui avaient été achetées 280 fr. la pièce. Combien a-t-on dû vendre le litre ?

$$\frac{280^{f} \times 40 + 4800^{f}}{40 \times 160} =$$

Multipliez 280 par 40, ajoutez 4800 fr. au produit et divisez ce prix total de vente par le nombre de litres, 40 fois 160, et vous devez trouver $2^{f}50$.

5. Divisions :

$$\frac{0,0000536}{0,0067} = 0,008 \qquad \frac{0,0000536}{0,008} =$$

---

48. Les Rubiacées (de *rubia,* garance).

La famille des rubiacées renferme plus de deux mille espèces, originaires pour la plupart des régions intertropicales. Un grand nombre sont précieuses comme plantes tinctoriales ou médicinales : la garance, l'aspérule, le quinquina, l'ipécacuanha, le café.

La *garance* est un objet important de culture et de commerce par l'emploi qu'on fait pour la teinture de ses racines rampantes, jaunes en dehors, rouges en dessous, et souvent longues de plus de soixante centimètres.

L'*aspérule* est une plante vivace qui croît dans les lieux découverts et arides et dans les pâturages des montagnes. Elle est fort recherchée des bestiaux. Ses racines ont la propriété de donner une couleur rouge aussi belle que la garance ; il suffit, pour l'en extraire, de les faire bouillir, avant que la tige ait porté sa graine, dans de la bière aigrie ou dans du vinaigre très-fort; on trempe l'étoffe qu'on veut teindre dans la liqueur encore chaude, et on la retire pour la plonger dans une lessive froide.

Ainsi les habitants de la campagne pourraient eux mêmes, par la culture de cette plante, se préparer un moyen économique de teindre leurs étoffes.

Notes et Devoirs.

1. Copier la leçon en entier.
2. Dire par écrit ce qu'on sait sur le rumex et l'oseille.
3. Conjuguez les temps simples des verbes irréguliers *courir* et *cueillir*, en ajoutant à ce dernier un complément à chaque personne : je cours, je courrai ; je cueille, nous cueillons, je cueillerai, etc.
4. Combien valent 7 mètres cubes de bois et 832 décim. cubes, à 3f20 le décistère ? — Dans $7^{m^3},832$, il y a 7st, 8 décistères ou 78 décistères et 32 centièmes. Donc le prix de ce bois est : $3^f20 \times 78,32 =$
5. Un hectol. de blé pèse 79 k. Combien vaudrait un tas de blé de $4^{m^3},935$ de même qualité et de même poids, à 28f30 les 79 kil. ? — Dans $4^{m^3},935$, il y a 4935 décim. cubes ou litres, ou encore $49^{hectol},35$, dont le poids est de $49,35 \times 79$.

$$\text{Donc : } \left.\begin{array}{l} 79^k = 28,30 \\ 49,35 \times 79 = x \end{array}\right\} \frac{28,30 \times 49,35 \times 79}{79} =$$

6. Division :

$$\frac{178,5}{47,6} = 3,75$$

49. Les Rubiacées *(suite)*.

Le *quinquina* renferme des arbres précieux du Pérou, du Brésil et du Mexique, qui fournissent l'écorce amère, connue sous le nom de *quinquina*. Remède héroïque et le premier des fébrifuges connus. On l'emploie surtout contre les fièvres intermittentes. Il est en même temps tonique et peut être employé à arrêter les progrès de la gangrène.

L'*ipécacuanha* est un petit arbrisseau qui croît dans les forêts et les vallées du Brésil. Il s'administre en poudre et quelquefois en pastilles, à la place de l'émétique ; ses effets sont moins violents.

Le *caféier* est aussi un arbrisseau, originaire des pays situés sous les tropiques. Il est toujours vert et s'élève de quinze à vingt pieds.

Des aisselles de ses feuilles naissent, en petits groupes, des fleurs blanches et odorantes, assez sembables au jasmin d'Espagne, et qui sont remplacées par une baie présentant l'apparence d'une cerise. Cette baie enveloppe deux petites graines ou fèves de café accolées l'une à l'autre. On cultive surtout le caféier dans les Antilles, les Guyanes, à Batavia, à l'île Bourbon, à l'île de France et en Arabie; mais il ne peut s'acclimater sur notre sol.

Notes et Devoirs.

1. Réciter en résumé la leçon entière.
2. Dire par écrit tout ce qu'on sait sur les crucifères.
3. Conjuguer les temps simples des verbes *haïr* et *mourir*. Je hais, tu hais, il hait, nous haïssons ; je haïssais; je haïs; je haïrai; que je haïsse. Je meurs, je mourus, je mourrai, que je meure, que nous mourions.
4. Combien coûtent 3 hectolitres de vin à 345^f25 les 912 litres ?

$$\left.\begin{array}{l} 912^{\text{litres}} = 345{,}25 \\ 300^{\text{litres}} = \quad x \end{array}\right\} \frac{345{,}25 \times 300}{912} =$$

5. J'achète 8^m60 de drap à 24^f80 le mètre, et 17^m40 de toile à 1^f95 le mètre. Je donne en payement un billet de 500 francs. Combien doit-on me rendre? — Réponse : 252^f79.
6. Calculs à effectuer.

1° $69{,}387 \times 8{,}97 = 622{,}04139$.

2° $\dfrac{622{,}40139}{69{,}387} =$ $\qquad \dfrac{622{,}40139}{8{,}97} =$

3° $\dfrac{1311{,}42528}{75{,}456} = 17{,}38$ $\qquad \dfrac{1311{,}425}{17{,}38} =$

TROISIÈME PARTIE

LE TOUR DE FRANCE

1. La France.

Les Gaulois, d'où le nom de *Gaule* qu'on donnait autrefois à notre pays, ne commencent à figurer dans l'histoire qu'au sixième siècle avant Jésus-Christ. Vers 587, des bandes gauloises allèrent s'établir en Germanie et en Italie, et pendant soixante-sept ans cette émigration continua. Les Gaulois devinrent la terreur des pays qu'ils avaient envahis ; mais après de longues guerres, les Romains soumirent la Gaule et la dominèrent jusqu'en 486 après Jésus-Christ, époque où les Francs, peuple barbare de la Germanie, vinrent conquérir notre beau pays.

La France est enfermée par la nature entre la Méditerranée et les monts Pyrénées, qui la séparent de l'Espagne au Sud ; l'Océan Atlantique à l'Ouest ; la Manche, qui la sépare de l'Angleterre, au Nord ; le Rhin et les Alpes, qui la séparent de l'Italie, à l'Est.

Couverte de montagnes que couronnent de belles forêts, arrosée par six grands fleuves et un nombre infini de rivières, la France était déjà célèbre dans l'antiquité par la douceur de sa température et la diversité de ses produits.

Le sol, bien que varié, est presque partout fertile ; il offre de riches plaines à grains, de belles prairies naturelles et artificielles, et des vignobles très-renommés. On trouve cependant des landes incultes au Sud-Ouest, sur les côtes de l'Océan, et de vastes bruyères dans les départements de l'ancienne Bretagne. (Faire voir les lieux sur la carte.)

Notes et Devoirs.

1. Résumer par écrit ce qu'on a retenu de la leçon.
2. Dire oralement ce qu'on sait sur les ombellifères.

3. Conjuguer les temps simples du verbe *tenir,* en ajoutant un complément à chaque personne. Je tiens, nous tenons, ils tiennent; je tenais, je tins, je tiendrai; que je tienne, que je tinsse.

4. Cherchez la valeur de 4 poutres ayant chacune 6^m50 de long, 0^m35 de large et 0^m35 d'épaisseur, à 80^f50 le mètre cube.

$$\left.\begin{array}{ll} 1 \text{ mètre cube} & = 80^f50 \\ (6^m50 \times 0,35 \times 0,30 \times 4) = & x \end{array}\right\} \begin{array}{l} 2^{m3}730 \\ \underline{\times\ 80,50} \end{array}$$

5. Que valent 45 hect. de blé, à 205 fr. les 10 hect. ?

$$\left.\begin{array}{l} 10^{\text{hect}} = 205^f \\ 45^{\text{hect}} = x \end{array}\right\} \frac{205^f \times 45}{10} =$$

6. Exercices de calcul :

$$78,756 \times 9,785 = 770,62746$$

$$\frac{770,62746}{9,785} = \qquad \frac{770,62746}{78,756} =$$

---

2. L'Ile de France.

Cette province, ainsi nommée parce qu'elle formait presque une île entre la Seine, la Marne, l'Aisne et l'Oise, a formé cinq départements : Seine, chef-lieu Paris; Seine-et-Oise, ch.-l. Versailles; Seine-et-Marne, ch.-l. Melun; Oise, ch.-l. Beauvais; Aisne, ch.-l. Laon.

Nous voilà à Paris, la ville que les étrangers nous envient et la première de l'Europe par la culture des lettres, des sciences et des arts, et par le nombre et la variété des monuments publics.

Nous devons citer : parmi les places, celle de la Concorde, où se trouve l'obélisque de Louqsor et d'où le regard embrasse les plus merveilleux édifices de Paris; la place Vendôme, ornée d'une colonne fondue avec les canons pris à l'ennemi; la place de la Bastille, avec une colonne érigée en mémoire de la révolution de 1830.

Parmi les édifices : l'Arc de Triomphe de l'Etoile, le Palais de l'Industrie, l'église de la Magdeleine, la majestueuse Notre-Dame et le palais de Louvre. Parmi les promenades : les Champs-Elysées, le Jardin des Plantes et les Boulevards.

On trouve à Paris des hôpitaux où l'on admet toute espèce de malades; des établissements d'instruction, où l'on enseigne toutes les sciences connues; des bibliothèques, qui offrent aux amateurs les plus riches trésors des connaissances humaines. Là, les moindres bâtisses prennent un air grandiose ; les maisons sont des hôtels, les hôtels sont des palais, les palais presque des villes.

Notes et Devoirs.

1. Copier la leçon en entier.
2. Dire ce qu'on sait sur les labiées.
3. Conjuguer les temps simples des verbes *sortir* et *tressaillir*. Je sors, tu sors, nous sortons. Je tressaille, je tressaillirai, que nous tressaillions.
4. On a vendu 4 veaux, à 75f60 l'un. On les avait achetés à 59f80 l'un. Combien a-t-on gagné ?

Vente : 75f60 × 4 =
Achat : 59f80 × 4 =
Bénéfice : =

5. J'ai vendu 14 cruches de lait de 16 litres et demi chacune, à 0 fr. 15 le litre. Combien me doit-on ?

0f15 × 16 × 14 =

6. Calculs à effectuer avec preuve :

$$377{,}98 \times 29{,}753 = 11246{,}03894$$

$$\frac{11246{,}03894}{377{,}98} = \qquad \frac{11246{,}03894}{29{,}753} =$$

---

3. L'Ile de France (*suite*).

Versailles s'annonce par des avenues d'arbres séculaires. Si vous arrivez en face du Château, bâti par Louis XIV, vous apercevez dans l'avant-cour des statues colossales, en beau marbre blanc, de nos célébrités civiles ou militaires. Ce département est fertile en souvenirs historiques. Saint-Cloud, Saint-Cyr, Rosny, qui nous rappelle le célèbre Sully, ministre de Henri IV ; et Rambouillet, où mourut François Ier.

Melun, à dix lieues de la capitale, est entourée de villages dont les maisons sont remarquables par leur élégance. A quatorze kilomètres au sud de la ville, vous trouverez la belle forêt de Fontainebleau (*fontaine belle eau*) qui a plus de seize mille hectares de superficie, dix-huit lieues de circuit, six cent quarante routes, et, au milieu, un château avec un parc et des jardins magnifiques. A cinquante-un kilomètres de Melun, Meaux, ancienne capitale de la Brie, sur la Marne, vous montrera la chaire, où prêcha longtemps l'incomparable Bossuet.

Beauvais, qui nous rappelle le courage inouï de Jeanne Hachette, vous offre ses places sombres, ses maisons aux murs d'argile et avec pignon sur rue.

A cinquante-trois kilomètres à l'est de cette ville, vous pourrez admirer la belle forêt de Compiègne, près de laquelle Jeanne d'Arc fut cernée, prise et livrée aux Anglais.

Notes et Devoirs.

1. Dicter la leçon en entier.
2. Dire par écrit tout ce qu'on sait sur les rubiacées.
3. Conjuguer les temps simples du verbe irrégulier *s'asseoir*, qui a deux formes : Je m'assieds, je m'asseyais, je m'assis, je m'assiérai ou je m'asséyerai, que nous nous asseyions, que je m'assisse. J'assois, j'assoyais, j'assoirai, assois, assoyez, que j'assoie.
4. On m'a vendu quarante-cinq tombereaux de sable de huit hectolitres chacun, rendu sur place, à $1^{f}25$ le mètre cube. Combien dois-je au bouvier.

$$\left.\begin{array}{l} 1^{m3} \text{ ou } 10^{hectol.} = 1^{f}25 \\ 45^{hectol.} \times 8 \quad = x \end{array}\right\} \frac{1,25 \times 360}{10} =$$

5. On peut faire la preuve de la multiplication des nombres décimaux et des nombres entiers, en intervertissant l'ordre des facteurs. Exemple :

$$\begin{array}{r} 687,39 \\ \times\ 64,597 \\ \hline \end{array} \qquad\qquad \begin{array}{r} 64,597 \\ \times\ 687,39 \\ \hline \end{array}$$

Après avoir retranché cinq décimales dans les deux cas, on doit trouver 44403,33183.

---

4. L'Ile de France (*fin*).

Laon est perchée sur le sommet circulaire d'une montagne qui s'élève brusquement à cent mètres au-dessus des vallées environnantes. La cathédrale vous montre, à dix lieues à la ronde, les fuseaux légers de ses quatre tours géantes. Cette ville s'est rendue célèbre en faisant sauter sa citadelle pendant la guerre de la Défense nationale.

Les promenades qui longent en cercle les vieux murs

de Laon vous donnent une idée des jardins suspendus de Babylone; puis voici la tour *penchée*, seul monument de ce genre que présente la France; c'est un cylindre de pierre, énorme et creux, attaché aux flancs des remparts, et qui s'incline de dix degrés sur la verticale.

Dans la vallée de la Marne, qui d'Epernay à Meaux, pendant vingt lieues, n'est qu'un continuel ravissement pour le voyageur, nous trouvons Château-Thierry, bâti du temps de Charles-Martel pour Thierry III, le dernier des rois fainéants. Une statue de marbre à l'entrée de de la ville nous rappellent qu'ici est le lieu natal du plus aimable et du plus original des poëtes, le bon Jean de la Fontaine. A vingt-huit kilomètres de là, une petite ville, la Ferté-Milon, a vu naître, presque à la même époque, l'immortel Racine, l'auteur sans rival d'*Athalie*. Saint-Quentin, dont la cathédrale est plus longue et plus élevée que Notre-Dame de Paris, et Soissons où Clovis remporta la célèbre victoire qui le rendit maître de la Gaule, se trouvent dans ce même département.

Notes et Devoirs.

1. Réciter en résumé la leçon entière.
2. Dire par écrit tout ce qu'on sait sur l'aspect général de la France et sur Paris.
3. J'ai acheté 2 hectolitres 50 d'avoine à 10 f 50 l'hectolitre, et j'ai payé à Jean huit mois de gages à raison de 180 fr. l'année. Quelle somme ai-je déboursé?

$$1^{\circ} = 2,50 \times 10^{f}50 =$$

$$2^{\circ} = \frac{180^{f} \times 240^{j}}{365^{j}} =$$

Somme déboursée = ____________

4. Divisions à effectuer :

$$\frac{371,52}{0,44} = 688 \qquad \frac{371,52}{688} =$$

$$\frac{55,2908}{65,048} = 0,85 \qquad \frac{55,2908}{0,85} =$$

---

5. La Champagne.

Ce fut Philippe le Bel qui réunit cette province à la France en 1284.

Entre l'Aube et la Marne, on trouve la Champagne

Pouilleuse, ainsi nommée à cause de la stérilité du sol et de la misère de ses habitants. Le seigle et le sarrazin la couvrent d'une assez rare verdure, et les pins funèbres portent le deuil de cette contrée uniforme, sèche et monotone; mais le reste du pays est gras et fertile : les prairies, les bois et les vignes y produisent de riches récoltes. La Champagne, si célèbre par ses vins mousseux, comprend quatre départements : Aube, chef-lieu Troye; Haute-Marne, chef-lieu Chaumont; Marne, chef-lieu Châlons; Ardennes, chef-lieu Mézières.

La cité de Troye a conservé une partie de sa vieille enceinte et plusieurs de ses portes gothiques, flanquées de tours comme la porte Saint-Jacques. Après avoir parcouru ses rues tortueuses et étroites, on aime à aller jouir de la belle promenade du Mail.

Près de Brienne, où Napoléon Ier reçut sa première éducation classique, on admire un orme de 13 mètres de circonférence, creusé par les siècles et pouvant abriter dans ce creux une table de cinq couverts avec ses convives.

Non loin de là, on voyait jadis une célèbre abbaye de bénédictins dont saint Bernard fut le fondateur : c'était Clairvaux, situé dans une vallée, près d'une belle forêt. Depuis la Revolution, les bâtiments de l'abbaye ont été convertis en une maison centrale de détention.

Notes et Devoirs.

1. Résumer par écrit ce qu'on a retenu de la leçon.
2. Dire oralement ce qu'on sait sur Versailles, Melun et Beauvais.
3. Conjuguer les temps simples du verbe irrégulier *falloir :* fallu, il faut, il fallait, etc.
4. Trouver le prix de vente de 56 solives ayant chacune 4^m30 sur 0^m22 et 0^m15, à 99^f25 le mètre cube.

$$\begin{aligned} &1^{m^3} = 99^f25 \\ &4^m30 \times 0{,}22 \times 0{,}15 \times 5 = x \end{aligned} \Big\} 99^f25 \times 7^{m^3}926 =$$

5. Vendu 35 moutons à 22^f75 l'un; ils avaient été achetés 15^f60 l'un. Quel est le bénéfice?

$$\begin{aligned} \text{Vente : } & 22^f75 \times 35 = 796^f25 \\ -\ \text{Achat : } & 15{,}60 \times 35 = 546\ » \\ \text{Bénéfice } & \quad = \overline{250^f25} \end{aligned}$$

6. **Exercices de calcul avec preuve :**

$$736 \times 8{,}394 = 6177{,}784$$

$$\frac{6177{,}984}{736} = \qquad \frac{6177{,}984}{8{,}394} =$$

$$\frac{28{,}62895}{0{,}785} = 36{,}47 \qquad \frac{28{,}62895}{36{,}47} =$$

---

6. La Champagne *(suite)*.

Chaumont, bâtie sur un mont chauve, d'où son nom, n'offre rien de remarquable, mais non loin de la ville nous pouvons admirer le pont-viaduc de Paris à Mulhouse, l'une des créations les plus étonnantes qu'aient exécutées les temps modernes. La ville de Bourbonne-les-Bains, dans ce département, possède un vaste hôpital, fondé par Louis XV, qui peut recevoir près de mille soldats; c'est là que s'opère la guérison merveilleuse des plaies invétérées d'armes à feu ou d'armes blanches.

Dans le département de la Marne, nous saluons avec tristesse une vaste plaine unie comme une table, blanche comme la porcelaine, immense comme la mer, qui forme l'assiette de l'inutile camp de Châlons.

L'immense forêt des Ardennes vous présente ses sites sauvages, ses rochers géants, ses ardoisières profondes.

Mézières, sur l'isthme d'une presqu'île qui forme la Meuse, est une ville très-forte, grâce à sa position et à sa citadelle; on peut, par des écluses lâchées à propos, l'isoler au milieu d'une ceinture d'eau large d'un kilomètre. Bayard, qui y soutint un siége mémorable en 1521, avait dit : « Il n'y a pas de places faibles quand il y a des gens de bien pour les défendre. »

Dans les Ardennes, nous trouvons *Sedan*, tristement célèbre par la capitulation de Napoléon III. Cette ville, qui a donné le jour à Turenne, produit chaque année pour plus de vingt millions de draps. A neuf kilomètres de la rive gauche, Rocroy, ville fortifiée, nous rappelle le grand Condé, qui y remporta sur les Espagnols une victoire éclatante.

Notes et Devoirs.

1. Dicter la leçon en entier.
2. Dire par écrit ce qu'on sait sur Laon et la vallée de la Marne.
3. Conjuguer les temps simples du verbe irrégulier

mouvoir. Je meus, nous mouvons, ils meuvent; je mus; je mouvrai; que je meuve.

4. Vendu 32 hectolitres de blé pesant 79 kilogrammes l'hectolitre, à 22f50 les 80 kilogrammes. Chercher le prix de vente.

$$\left.\begin{array}{ll} 80^{\text{kil}}. & = 22^{\text{f}}50 \\ 32 \times 79^{\text{kil}}. = & x \end{array}\right\} \frac{22{,}50 \times 32 \times 79^{\text{kil}}.}{80} =$$

5. On a vendu 32 hectolitres de blé pesant chacun 79 kilogrammes, le prix total de..... (Mettre ici la réponse du problème précédent). A combien reviennent les 80 kilogrammes?

Si le premier problème est juste, la réponse du deuxième problème doit être nécessairement 22f50. Et voilà le moyen de faire la preuve de beaucoup de problèmes.

---

7. La Flandre.

Réunie à la France par Louis XIV, la Flandre offre l'aspect d'un immense jardin parfaitement cultivé; le sol est bas et sablonneux, le climat sain et général, la culture très-active et la fertilité extraordinaire. Nul pays plus riche en productions agricoles; nulle industrie plus féconde; nulle population mieux faite, ni plus robuste. Cette province n'a formé qu'un département : Nord, chef-lieu Lille.

Les fortifications, élevées ou creusées sous les yeux de l'immortel Vauban, ont placé Lille au rang de nos places fortes de première classe. Les remparts, larges et bien plantés, offrent une promenade dont l'aspect riant fait contraste avec la sévérité de l'appareil environnant. La place d'Armes, plantée de plusieurs allées d'arbres, est un vaste parallélogramme d'une extrême régularité, et dont les édifices affectent le genre espagnol.

Non loin de Lille, nous trouvons *Malplaquet*, ville célèbre dans l'histoire par la défaite du maréchal Villars, sous Louis XIV. Malplaquet nous rappelle *Denain*, village situé dans le même département, où le même général remporta la victoire éclatante qui sauva la France menacée d'une invasion.

Cambrai conserve encore les doux souvenirs de l'illustre Fénélon, ce pontife si aimable et si éloquent. Plus loin, c'est le vaste port de Dunkerque qui ouvre ses belles écluses à des navires de toutes les nations septentrionales; c'est aussi pour le nord de la France, l'entrepôt des vins de Bordeaux et d'Espagne.

Notes et Devoirs.

1. Copier la leçon en entier.
2. Dire par écrit ce qu'on sait sur la Champagne en général, sur Troyes, sur Brienne et Clairvaux.
3. Conjuguer les temps simples du verbe *pouvoir*. Je peux ou je puis, tu peux, il peut, nous pouvons, ils peuvent; je pus ; je pourrai ; que je puisse.
4. J'ai acheté 136 œufs à 0f65 la douzaine, et 15 hectolitres de chaux vive à 12f50 la barrique de 3 hectolitres. Quelle somme ai-je déboursé?

$$1^\circ \quad \begin{matrix} 12^{\text{œufs}} = 0^{f}65 \\ 136^{\text{œufs}} = x \end{matrix} \left\{ \frac{0{,}65 \times 136}{12} = \right.$$

$$2^\circ \quad \begin{matrix} 3^{\text{hectol.}} = 12^{f}50 \\ 15^{\text{hectol.}} = x \end{matrix} \left\{ \frac{12^{f}50 \times 15}{3} = \right.$$

5. Exercices de calcul :

$$5947 \times 6{,}758 = 40819{,}817$$

$$\frac{40189{,}817}{5947} = \qquad \frac{40189{,}817}{6{,}758} =$$

---

8. L'Artois.

Le comté d'Artois fut réuni à la couronne par Philippe-Auguste en 1180; donné par saint Louis à son frère Robert, il passa trois cents ans après à la maison d'Autriche par le mariage de Marie de Bourgogne avec Maximilien; enfin le traité de Nimègue le restitua à la France sous Louis XIV. On trouve dans ce pays une industrie variée, un commerce actif, et les villes historiques de Lens, d'Azincourt et de Calais. Cette province a formé le Pas-de-Calais, chef-lieu Arras, qui a su dresser de belles places et d'assez remarquables édifices administratifs, après avoir été couvertes plusieurs fois de ruines et de cadavres par les siéges meurtriers de Louis XI, d'Henri IV, de Richelieu, de Turenne et de Condé.

Ce département maritime vous montrera *Boulogne* et son château, isolé de toutes parts, d'où vous pouvez contempler la majesté des mers, les vaisseaux au repos dans les bassins ou en marche, sur le détroit, l'agitation perpétuelle des hommes, des navires et des ondes vis-à-vis du rivage immobile de la Grande-Bretagne.

Quant à Saint-Omer, il est peu de campagnes plus

étranges, peu de villes plus fortes, peu de cités plus riches en monuments avec la même population. La campagne de Saint-Omer n'est en grande partie qu'un vaste marais, absolument impraticable, mais d'une incroyable fécondité. L'un des faubourgs de la ville est une image fidèle de Venise : il faut se servir de bateaux pour aller d'une maison à l'autre.

Notes et Devoirs.

1. Réciter en résumé la leçon entière.
2. Dire par écrit ce qu'on sait sur Chaumont, Châlons, Mézières et les Ardennes.
3. Conjuguer les temps simples du verbe irrégulier *savoir*. Sachant, su; je sais, nous savons; je sus, je saurai; que je sache; que je susse.
4. J'ai vendu 4 kilogrammes 1/2 de sucre à 0f80 la livre de 500 grammes, et 1050 fagots à 35 fr. le 100. Quelle est la somme totale de la vente?

$$1^\circ \begin{array}{l} 500^{\text{gram}}. = 0^{f}80 \\ 4500^{\text{gram}}. = x \end{array} \Big\} \frac{0.80 \times 4500}{500} =$$

$$2^\circ \begin{array}{l} 100^{\text{fag}}. = 35^{f}\ » \\ 1050^{\text{fag}}. = x \end{array} \Big\} \frac{35^{f} \times 1050}{100} =$$

$$\text{Total} = \underline{\qquad\qquad}$$

5. Divisions à effectuer :

$$\frac{5,7541583}{0,6547} = 8,789 \qquad \frac{5,7541583}{8,789} =$$

9. La Picardie.

Sous les Romains, la Picardie fit partie de la Belgique. Clodion, chef des Francs, la conquit ensuite, et fit d'Amiens sa capitale. Elle fut prise par les Anglais sous Charles VI, reconquise par Charles VII, engagée par celui-ci aux ducs de Bourgogne et réunie, en 1463, à la couronne de France par Louis XI. Elle a formé le département de la Somme, chef-lieu Amiens.

Amiens possède une cathédrale, sans rivale pour la beauté, et d'une grandeur extraordinaire. Elle occupe près de 8000 mètres carrés; tandis que celle de Reims n'en occupe que 6650; celle de Bourges, 6200; et Notre-Dame, de Paris, 5508.

En arrivant à Péronne, on peut voir une vieille tour

informe, qui n'aurait rien de bien curieux, si l'on ne savait que deux rois de France y furent enfermés par trahison. L'un était Charles le Simple, qui s'y rendit sur la parole du comte de Vermandois, son vassal, et n'en put jamais sortir. L'autre fut Louis XI, le plus rusé des hommes, qui vint, cette fois, se placer sous la griffe de Charles le Téméraire, le plus puissant de ses sujets.

Notes et Devoirs

1. Résumer par écrit ce qu'on a retenu de la leçon.

2. Dire oralement ce qu'on sait sur la Flandre et Lille.

3. Conjuguer les temps simples des verbes irréguliers *surseoir* et *valoir*. Je sursois, nous sursoyons, ils sursoient, je sursis, je sursoierai ; que je sursoie, que nous sursoyions. Je vaux, nous valons, je valus, je vaudrai, que je vaille, que nous valions.

4. J'ai acheté : 1° une pièce de 660 litres vin rouge à 60f60 la barrique de 228 litres; 2° deux paires de poulets à 1f85 et trois paires à 1f45. Combien ai-je déboursé.

$$1^{o}\ \left.\begin{matrix} 228^{\text{litres}} = 80^{f}60 \\ 660^{\text{litres}} = \quad x \end{matrix}\right\}\ \frac{80^{f}60 \times 660}{228} =$$

$$2^{o}\ (1^{f}85 \times 2) + (1^{f}45 \times 3) \qquad = \underline{\qquad\qquad}$$

$$\text{Total. Somme déboursée} \qquad =$$

5. $5947 \times 6,758 = 40189,817$.

$$\frac{40189,817}{5947} = \qquad\qquad \frac{40189,817}{6,758} =$$

10. La Normandie.

A partir de la fin du règne de Charlemagne, cette province fut la proie des pirates Normands (hommes du Nord); ceux-ci finirent par s'y établir, en 912, pendant le règne de Charles le Simple, sous la conduite de Rollon, leur chef, qui épousa Gisèle, fille du roi de France.

La Normandie est une des plus riches et des plus fertiles provinces de la France. Des pâturages magnifiques y nourrissent des chevaux, des bœufs et des moutons estimés; des pommiers vigoureux fournissent en abondance du cidre, qui est la boisson du pays. N'oublions pas les *rouenneries*, ni les draps de Louviers et d'Elbeuf, ni ce commerce du port du Havre, qui opère sur les côtes normandes un va-et-vient de dix mille grands navires.

Cette province, qui a vu naître Corneille, Casimir Delavigne, Bernardin de Saint-Pierre et Duquesne, a formé cinq départements : Seine-Inférieure, chef-lieu Rouen; Eure, chef-lieu Evreux; Calvados, chef-lieu Caen; Orne, chef-lieu Alençon; Manche, chef-lieu Saint-Lô.

La ville de Rouen s'élève en amphithéâtre sur la rive droite de la Seine, et le chemin de fer qui vient de Paris passe deux fois par-dessous ses faubourgs.

Sur la Manche, à l'embouchure de la rivière d'Arques, qui nous rappelle une victoire du Béarnais, *Dieppe* vous offre sa belle plage, si connue du Parisien.

Plus loin, le Havre, du haut du promontoire de la Hève, vous fera admirer en silence les riches coteaux normands, l'embouchure de la Seine, les brumes du cap de la Hogue, l'Océan avec son horizon d'azur et les voiles sans nombre qui dorment dans la grande et la petite rade.

Notes et Devoirs.

1. Dicter la leçon en entier.
2. Dire par écrit ce qu'on sait sur l'Artois, le Pas-de-Calais et Arras.
3. Conjuguer les temps simples du verbe irrégulier *vouloir*. Je veux, nous voulons; je voudrai; que je veuille; que nous voulions.
4. Combien ai-je payé un mur de clôture de 1^m30 de haut, 35^m40 de long des deux côtés, et 26^m80 de chacun des deux autres, à 3^f80 le mètre carré tout compté.

$1^m30 \times 35^m40 \times 2 =$
$1^m30 \times 26^m80 \times 2 =$

Nombre de mètres carrés =

En multipliant le nombre de mètres carrés par le prix du mètre carré 3^f80, on trouvera la réponse.

---

11. La Normandie (*suite*).

Dans le département de l'Eure, *Evreux* vous présentera un ancien beffroi, connu sous le nom de la Tour de l'Horloge; l'église Saint-Taurin, précieux débris d'une ancienne abbaye. *Louviers* vous offrira ses filatures de laine et ses draps célèbres. *Ivry* vous rappellera la victoire célèbre que remporta Henri IV sur le duc de Mayenne.

Dans le département de l'Orne, qui fournit à la France la plus forte race de chevaux normands, vous admirerez des forêts de poiriers alignés et majestueux, qui ombragent ce sol fertile; les basins piqués, les calicots, les cotonnades et les diamants d'*Alençon*. Le fer de Suède, l'étain de Ceylan arrivent l'un de six cents lieues, l'autre de six mille lieues, dans la jolie petite ville de *Laigle*, construite en briques, où l'on s'occupe de la fabrication en grand des aiguilles et des épingles.

Caen, remarquable par la régularité de ses rues et la propreté qui y règne, est située dans un beau vallon, à quinze kilomètres de la mer, entre deux vastes prairies bordées de collines, où l'on a trouvé ces belles pierres, qui ont donné à cette ville ses plus beaux monuments.

Dans la Manche, vous pourrez admirer le mont Saint-Michel, qui réunit à lui seul toutes les beautés de la nature et le port de Cherbourg, creusé dans le roc, qui contient au moins quinze grands vaisseaux de ligne.

Quant à Saint-Lô, elle est assise au sommet d'un roc qui domine la Vire et dessine, par l'éparpillement de ses rues, une figure des plus bizarres.

Notes et Devoirs.

1. Copier la leçon en entier.

2. Dire par écrit ce qu'on sait sur la Picardie, Amiens et Péronne.

3. Conjuguer les temps simples du verbe irrégulier *voir*. Je vois, nous voyons; je vis, je verrai; que je voie; que nous voyions. On conjugue de même les composés. Cependant on dit pour les suivants : je prévoirai, je pourvoirai; je pourvus.

4. Payé 28 jours de gages à Pierre à raison de 160 fr. par an et 3 mois de contributions à 111f60 l'année.

$$1^{o}\quad \left.\begin{array}{l} 365^{\text{jours}} = 160^{f}\ \text{»} \\ 28^{\text{jours}} = x \end{array}\right\} \frac{160 \times 28}{365} =$$

$$2^{o}\quad \left.\begin{array}{l} 12^{\text{mois}} = 111^{f}60 \\ 3^{\text{mois}} = x \end{array}\right\} \frac{111^{f}60 \times 3}{12} =$$

5. $8493 \times 57{,}389 = 487404{,}777.$

12. La Bretagne.

Au cinquième et au sixième siècle vinrent, de la Grande-Bretagne, des Bretons fuyant les armes des Saxons et des Anglais : l'Armorique occidentale prit d'eux le nom de *Bretagne*, que des rois, des comtes et des ducs gouvernèrent jusqu'à la fameuse Anne de Bretagne, qui, par son mariage avec Charles VII, apporta cette province à la France.

Le sol de la Bretagne n'est pas généralement très-riche, mais il est fertile en grands hommes : Chateaubriand, Duguay-Trouin, Vauban, Lemennais, Duguesclin et Mme de Sévigné.

Cette province a formé cinq départements : Ille-et-Vilaine, chef-lieu Rennes ; Côtes-du-Nord, chef-lieu Saint-Brieuc ; Finistère, chef-lieu Quimper ; Morbihan, chef-lieu Vannes ; Loire-Inférieure, chef-lieu Nantes ; qui sont tous maritimes.

Rennes, dont les rues sont larges et bien pavées, les constructions superbes, les places publiques vastes et magnifiques, est située sur la croupe et au pied d'une colline, au confluent de l'Ille et de la Vilaine. Les toiles à voiles pour la marine, le chanvre le lin, le miel et le beurre forment l'objet principal de son commerce.

Saint-Malo, place de guerre de troisième classe, est entourée de murs d'une extrême force, élevés sur le roc et garnis d'une formidable artillerie.

Le port de *Saint-Servan*, où l'on construit de grands navires et même des frégates, est situé vis-à-vis de Saint-Malo, dont il n'est séparé que par un large bras de mer.

Notes et Devoirs.

1. Réciter en résumé la leçon entière.

2. Dire par écrit ce qu'on sait sur la Normandie, Rouen et le Havre.

3. Conjuguer les temps simples des verbes irréguliers *boire* et *connaître*. Je bois, nous buvons ; je bus, je boirai ; que je boive, que nous buvions, etc. Je connais, je connus, je connaîtrai. Tous les verbes en *aître* prennent un accent circonflexe sur l'*i*, quand celui-ci est suivi d'un *t*.

4. Vendu : 340 planches peuplier, de 2m65 sur 0m40

chacune, à 2f80 le mètre carré, et 30 hectolitres de vin blanc, à 0f35 le litre. Quelle somme a-t-on retiré de cette vente?

5. Exercice de calcul.

$$\frac{487404,777}{8493} = \qquad \frac{487404,777}{57,889} =$$

$$48,793 \times 0,3857 = 18,8194601.$$

---

13. La Bretagne (*suite*).

Saint-Brieuc n'a rien d'intéressant, si ce n'est sa course aux chevaux sur le sable doré qui couvre la plage. Mais dans la vallée mélancolique de la rivière de la Rance, dont les bords ont vu les premiers pas de Chateaubriand, vous trouverez la petite ville de *Dinan*, entourée de murailles de soixante mètres de haut et si épaisses, qu'un char attelé de quatre chevaux se promène sur le couronnement.

Quimper, qui n'est ni grande ni belle, occupe le penchant d'une colline assez agréable, et elle possède un port où remontent des navires de trois cents tonneaux. Si nous allons à Brest, nous pouvons contempler, du coteau escarpé sur lequel s'élève la ville haute, une rade magnifique qui n'a pas moins de quinze lieues carrées. Le port militaire de Brest est regardé comme le plus beau et le plus sûr de l'Europe.

Vannes, située sur le sommet et le versant méridional d'une colline, à l'extrémité du golfe de Morbihan, a des maisons construites sur pilotis. On y voit la *Tour du Connétable*, où fut jeté le célèbre Olivier de Clisson, sous Charles VI. Au fond de la baie du Port-Louis, est *Lorient*, aux rues larges, droites et spacieuses, avec son port entouré de beaux quais.

Nantes, assise sur les bords du plus beau fleuve de France, vous offrira son quartier Graslin, son île Feydeau, sa place Nationale, ornés de tant de magnificences, qu'ils peuvent soutenir la comparaison avec les plus beaux quartiers de la capitale.

Notes et Devoirs.

1. Résumer par écrit ce qu'on a retenu de la leçon.
2. Dire oralement ce qu'on sait sur les départements de l'Eure, de l'Orne, du Calvados et de la Manche.

3. Conjuguer les temps simples des verbes irréguliers *coudre* et *craindre*. Je couds, nous cousons; je cousis. Je crains, nous craignons; je craignis.

4. Payé le carrelage d'une chambre de 7m80 de côté, à 3f20 le mètre carré, et 25 sacs d'orge pesant ensemble 1250 kilog., à 16f50 les 100 kilog. Quelle est la somme déboursée?

1° $7^{m}80 \times 7^{m}80 \times 3^{f}20 =$

2° $\dfrac{16,50 \times 1250}{100} =$

Somme déboursée =

Les élèves les plus avancés devront expliquer les formules par écrit.

14. Le Poitou.

Ce pays fut primitivement habité par les *Pictones*, d'où dérive son nom. Eléonore, héritière du Poitou, le porta, avec le reste de l'Aquitaine, d'abord au roi de France Louis VII, puis à Henri, comte d'Anjou, depuis roi d'Angleterre. Philippe-Auguste le reconquit sur les Anglais, qui en redevinrent maîtres après la bataille de Poitiers; enfin Charles VII le réunit définitivement à la couronne, grâce à Jeanne d'Arc et à ses vaillants généraux.

Les Vendéens aiment la pauvreté de leur pays, et si l'on vient troubler leur indépendance, on voit sortir de leurs villages un peuple géant, qui n'a besoin que de fourches et de faux pour attaquer le canon et dérouter la tactique des plus grands généraux.

Du Bas-Poitou on a formé le département de la Vendée, ch.-l. Roche-sur-Yon. Le Haut-Poitou forma ceux des Deux-Sèvres, ch.-l. Niort, et de la Vienne, ch.-l. Poitiers.

Poitiers, qui renferme des vergers et des jardins comme une ville de plaisance, a conservé quelques vestiges d'un aqueduc romain, du palais Gallien et des arènes, qui formaient un vaste amphithéâtre où vingt-deux mille spectateurs pouvaient se tenir à l'aise.

Niort, qui offre peu de curiosités, a vu naître Mme de Maintenon et le célèbre de Fontanes, restaurateur de l'Université. Son vieil Hôtel-de-Ville logeait jadis Eléonore d'Aquitaine.

Roche-sur-Yon, dont les guerres de la Révolution avaient fait un amas de ruines, est maintenant jolie, régulière et dotée de beaux monuments. Au nord de cette ville, le *Bocage* est célèbre par l'audace et la valeur de ses habitants. Les Maraichains (marais de Luçon) offrent aussi des mœurs remarquables. (Voyez *Dict. d'Ed.*, art. POITOU.)

Notes et Devoirs.

1. Dicter la moitié de la leçon.
2. Dire, par écrit, après avoir vu la carte, tout ce qu'on sait sur le Poitou, les Vendéens, Poitiers, Niort et la Roche-sur-Yon.
3. Combien a-t-on payé le carrelage d'une chambre de 6m60 sur 5m40, avec des carreaux de 0m16 de côté, à 25f50 les 100 carreaux?

$$\frac{6^{m}60 \times 5^{f}40}{0{,}16 \times 0{,}16} \times \frac{25{,}50}{100} =$$

On trouve le nombre de carreaux en divisant la surface de la chambre par celle du carreau (1re formule). Il reste à multiplier le prix d'un carreau (2e formule) par le nombre de carreaux.

4. Divisions avec preuve :

$$\frac{654{,}32}{84} = 7{,}78 \qquad \frac{654{,}32}{7{,}78} =$$

15. La Saintonge.

Réunis à la Saintonge, l'Aunis et l'Angoumois formaient autrefois un des grands gouvernements de France, qui suivent les mêmes destinées que le Poitou. Ces trois provinces ont formé deux départements : Charente, ch.-l. Angoulême ; Charente-Inférieure, ch.-l. la Rochelle.

Des hauteurs d'*Angoulême*, qu'animent ses papeteries connues du monde entier, vous contemplez à l'aise les paysages riants des bords fleuris de la Charente, et vous vous souvenez que de ces coteaux chargés de vignobles, nous vient le cognac, si renommé. Vous apercevez aussi la voie ferrée de Paris à Bordeaux, et vous êtes étonné de voir machines et wagons passer sous la ville bien au-dessous des vivants et des morts.

La Rochelle, dont les rues principales sont bordées d'arcades, sous lesquelles la foule peut circuler, possède un port aussi curieux que vaste, mais qui n'est accessible qu'à des navires moyens de quatre à six cents tonneaux. A l'entrée du bassin s'élèvent deux tours énormes, dont l'une fait au besoin parler le canon, et l'autre porte à quarante mètres de hauteur son phare étincelant. Non loin de *la Rochelle*, les salines de Marans fournissent le meilleur sel de toute l'Europe.

Rochefort, à trente-deux kilomètres sud-est de *la Rochelle*, possède un port militaire qui reçoit des navires de cinq cents tonneaux; un hôpital maritime et ses douze cents lits; un bagne qui peut contenir deux mille quatre cents forçats.

Notes et Devoirs.

1. Copier la leçon en entier.
2. Dire par écrit tout ce qu'on sait sur la Bretagne, Rennes, Saint-Malo et Saint-Servan.
3. Conjuguer les temps simples des verbes irréguliers *croire* et *croître*. Je crois, nous croyons, je crus, je croirai. Je *croîs*, je *crûs*, je croîtrai. Ce dernier verbe prend toujours l'accent circonflexe sur l'*i*.
4. Vendu : 1° Un bûcher de 4m50 sur 1m30 et 6m70, à 10f50 le stère; 2° 37 hectol. de maïs, à 3f20 les 25 litres; 3° 5420 kilog. de paille, à 2f80 les 50 kilog. Chercher le montant de cette vente.

1° $4^{m}50 \times 1^{m}30 \times 6^{m}70 \times 15^{f}50 =$

2° $\begin{array}{l} 25^{\text{litres}} = 3^{f}20 \\ 3700^{\text{litres}} = x \end{array} \Bigg\} \dfrac{3^{f}20 \times 3700}{25} =$

3° $\begin{array}{l} 50^{\text{kil.}} = 2^{f}80 \\ 5420^{\text{kil.}} = x \end{array} \Bigg\} \dfrac{2^{f}80 \times 5420}{50} =$

Total de la vente =

Divisions : $\dfrac{945,376}{36} = 26,260 \qquad \dfrac{945,376}{26,260} =$

---

16. Le Limousin.

Nous entrons dans un pays montagneux, aux terres maigres et légères, qui ne produisent pas de grains en quantité suffisante; mais, en revanche, de nombreux et excellents pâturages y nourrissent beaucoup de bestiaux et surtout des chevaux estimés pour la selle; enfin des forêts de châtaigniers donnent des récoltes abondantes pour subvenir au manque de grains.

Cette province, qui a vu naître saint Eloi, le célèbre

Jourdan, le chimiste Gay-Lussac, revint à la couronne de France sous Charles VII. Elle a formé deux départements : Haute-Vienne, ch.-l. Limoges ; Corrèze, ch.-l. Tulle.

Limoges porte sur son front le cachet des siècles. La plupart de ses constructions anciennes ne sont bâties en pierre qu'à la hauteur du rez-de-chaussée ; les autres étages ne sont qu'un torchis fait de bois, de paille et de boue, plus ou moins dissimulé. Mais la ville neuve montre avec orgueil ses fraîches constructions, qui lui donnent un agréable aspect.

Tulle, ville toute pacifique, s'est toujours bien cachée dans une gorge étroite, entre d'agréables vallons, sur les bords de la Corrèze, rivière à peine flottable à cause de ses eaux rapides. Les habitations s'adossent à une colline, descendent à un quai bien construit, et reparaissent au delà de la rivière, qui partage la ville en serpentant.

Notes et Devoirs.

1. Réciter en résumé la leçon entière.

2. Dire par écrit ce qu'on sait sur Saint-Brieuc, Quimper, Vannes et Nantes.

3. Conjuguez les temps simples du verbe irrégulier *dire*. Je dis, nous disons, vous dites. — *Composés :* vous redites, vous maudissez. Les autres sont réguliers.

4. Payé la tapisserie des 4 murs d'une chambre ayant $6^{m}20$ de côté et $4^{m}60$ de haut., à $0^{f}75$ le mètre carré, et 60 litres vin vieux, à 95 fr. l'hectol. Quel est le montant de la depense?

1° $6^{m}20 \times 4^{m}60 \times 4 \times 0^{f}75 =$

2° $\dfrac{95^{f} \times 60}{100} =$

Total de la dépense $=$

5. Calculs à effectuer avec preuve :

$\dfrac{976,75}{7} = 17,44$ $\qquad \dfrac{976,75}{17,44} =$

$\dfrac{897,08}{59} = 15,20$ $\qquad \dfrac{897,08}{15,20} =$

---

17. La Marche.

Pays de rudes montagnes, de gorges profondes et exiguës, de rivières non navigables, cette province diffère peu du Limousin. Elle nous envoie par colonie ses maçons, ses paveurs, ses scieurs de long, aussi laborieux que modestes et honnêtes. La Marche, qui, du temps des Romains, avait fait partie du Limousin, fut confisquée, en 1525, sur le connétable de Bourbon par François Ier, et réunie à la couronne de France. Elle a formé le département de la Creuse, ch.-l. Guéret.

Ville propre, jolie, bien arrosée, dotée d'un collége, d'une belle prison, d'une maison de santé pour les aliénés, *Guéret* a de quoi répondre à tous les besoins et à toutes les infortunes. On y montre la maison gothique que Charles VII habita, sans doute quand, réduit à être le roi dérisoire de Bourges, il lui fallait se contenter d'humbles palais et de pauvres résidences.

Les tapis de Guéret et d'Aubusson, riches de dessins, solides de tissus, sont supérieurs à ceux de l'Angleterre; ils ne sont surpassés que par la manufacture, également française, de Beauvais, et par celle des Gobelins, à Paris.

Notes et Devoirs.

1. Résumer par écrit la leçon en entier.

2. Dire oralement ce qu'on sait sur la Saintonge, Angoulême et la Rochelle. — Dans toutes les compositions de géographie, l'élève remarquera sur la carte les fleuves, les rivières et les montagnes, qui traversent le pays en question. Cette étude lui permettra d'en conclure le climat, la fertilité et l'aspect de chaque localité.

3. Conjuguer les temps simples du verbe irrégulier *faire*, en ajoutant un complément à chaque personne. Je fais, nous faisons, vous faites, ils font; je fis, je ferai, que je fasse. On conjugue de même *contrefaire, parfaire, surfaire*, etc.

4. Vendu : 7hecta67 de foin sur pied, à 48f60 les 38 ares. Chercher le montant de la vente.

$$\left.\begin{array}{l} 38^{\text{ares}} = 48^{\text{f}}60 \\ 767^{\text{ares}} = \quad x \end{array}\right\} \frac{48^{\text{f}}60 \times 767}{38} =$$

5. $\frac{3584,8}{28} = 74,6 \qquad \frac{3584,8}{74,6} =$

$$\frac{4546,049}{63} = \qquad \frac{4546,049}{72,159} =$$

---

18. Le Berry.

En 1094, le comte Herpin vendit le Berry à Philippe Ier, roi de France, et partit pour la croisade. Ce pays est assez fertile, et ses gras pâturages nourrissent des moutons renommés. Mais au sud-ouest de Bourges, plus de quatre cents étangs et des marais très-vastes occupent une superficie d'environ six mille hectares. Le Berry a formé deux départements : Cher, ch.-l. Bourges; Indre, ch.-l. Nevers.

Bourges, brûlée treize fois, perdit sa splendeur et dispersa ses tristes demeures sur un terrain qui pourrait porter et nourrir une population trois fois plus forte. Du portail de la cathédrale, bâtie sur le plateau le plus élevé de la ville, la vue s'étend sur les plaines du Berry, qui déroulent, sur un rayon de dix lieues, leur riche tapis de verdure.

Châteauroux était autrefois mal bâtie, mal alignée et surtout mal pavée; mais aujourd'hui, avec ses rues élargies et rendues régulières, avec ses places publiques spacieuses et agréables, enfin avec ses superbes promenades autour de la ville et sur le cours de l'Indre, elle a presque entièrement changé de face. Des fenêtres de l'Hôtel-de-Ville, on jouit d'une vue délicieuse sur la rivière, sur une riche et fertile plaine, et sur les belles forêts de Saint-Maur et de Châteauroux.

Notes et Devoirs.

1. Dicter la leçon en entier.
2. Dire par écrit ce qu'on sait sur le Limousin, Limoges et Tulle.
3. Conjuguer les temps simples des verbes irréguliers *prendre* et *naître*. Je prends, nous prenons; je pris, que je prenne. *Naître* se conjugue comme connaître, excepté je naquis.
4. Dans les règles de trois composées et d'intérêt, le maître fera remarquer aux élèves, qu'en réalité, il n'y a que *trois* quantités connues et *une* inconnue, comme dans les règles de trois simples. Par exemple, pour trouver l'intérêt de 430 fr. pendant 65 jours, à 5 p. %, je pose ainsi ma question : $\left\{\begin{array}{lll} 100^{f} & 1^{an} & 5^{f} \\ 430^{f} & 65^{jours} & x \end{array}\right.$; en réduisant les quantités j'ai : $\left\{\begin{array}{lll} 100^{f} & 360^{jours} & 5^{f} \\ 430^{f} & 65^{jours} & x \end{array}\right.$, que je puis

considérer ainsi : $\left\{\begin{matrix}(100^f & 365^{jours}) & 5^f.\\ (430^f & 66^{jours}) & x\end{matrix}\right.$; et réduisant à l'unité les quantités connues, elles passent au diviseur $\frac{5}{100 \times 365}$ et les quantités de la partie inconnue passent au dividende, et j'ai ma formule à effectuer $\frac{5 \times 430 \times 65}{100 \times 365} =$

19. La Touraine.

La douceur de son climat, la fertilité de ses vallées, la beauté des bords de la Loire, ont placé depuis longtemps la Touraine au nombre des contrées les plus délicieuses, et lui ont fait donner le surnom mérité de *Jardin de la France*. Nous y trouvons aussi des souvenirs historiques : Charles-Martel, vainqueur des musulmans; Clovis, qui chassa les Wisigoths de ce pays ; l'évêque de Tours, saint Martin, qui animait le courage des Francs. Cette province, qui fut réunie à la couronne de France sous Philippe-Auguste, a formé le département de l'Indre-et-Loire.

La ville de *Tours* est située sur la rive gauche de la Loire, dans une plaine charmante qui s'étend entre ce fleuve et le Cher. L'entrée offre un spectacle unique au monde : un pont regardé comme un des plus hardis et des plus vastes de l'Europe, un fleuve majestueux, au delà, une rue large et spacieuse bordée de maisons à trois étages et de belle architecture. En avant, du côté de Chartres, l'île charmante placée au milieu du fleuve, de beaux coteaux, de riches vignobles, toutes les séductions de la nature se réunissent pour faire de la ville et des alentours un lieu choisi, un séjour de paix et de jouissance.

Notes et Devoirs.

1. Copier la leçon en entier.
2. Dire par écrit tout ce qu'on sait sur le département de la Creuse, chef-lieu Guéret, et sur la Marche.
3. Conjuguer les temps simples des verbes irréguliers *vaincre* et *vivre*. Je vaincs, nous vainquons, je vainquis. — Je vis, nous vivons, je vécus.
4. Quand la règle de trois simple ou composée est inverse, c'est-à-dire quand l'unité donne *plus* au lieu de

moins, comme quand on cherche combien de jours mettront certains ouvriers pour faire un certain ouvrage, alors les quantités de la partie *connue* passent au dividende et celles de la partie inconnue au diviseur. Dans toutes ces questions, disposées d'abord en chiffres de façon à mettre les quantités de même espèce dans la même colonne, tout consiste à poser d'abord la quantité analogue à x, qui est la quantité cherchée, et à faire passer les autres à leur place par la méthode de la réduction à l'unité.

$$\left.\begin{array}{lll} 100^{f} & 1^{an} & 5^{f} \\ 740^{f} & 3^{ans} & x \end{array}\right\} \frac{5 \times 740 \times 3}{100} =$$

$$\left.\begin{array}{lll} 100^{f} & 12^{mois} & 5^{f} \\ 745^{f} & 8^{mois} & x \end{array}\right\} \frac{5 \times 765 \times 8}{100 \times 12} =$$

20. Le Maine.

Cette province fut réunie à la couronne par Louis XI, en même temps que l'Anjou. Elle a formé deux départements : Sarthe, chef-lieu le Mans; Mayenne, chef-lieu Laval.

Au mois de décembre 1793, le célèbre Marceau, à la tête des bleus ou soldats de la République, écrasa sous les murs du *Mans* l'armée vendéenne, et la poursuivit dans les rues qui furent inondées de sang. Les Chouans prirent leur revanche en 1799, par le pillage de la malheureuse cité, qui fut rançonnée sans pitié. Malgré ces désastres si récents, le Mans a gardé ses maisons si intéressantes du seizième siècle et de splendides monuments religieux; ajoutez un site agréable qui la soulève dans une corbeille d'arbres verts, sur une colline au confluent de deux rivières.

C'est dans une riche vallée, au bas et sur le penchant d'un coteau verdoyant, que nous trouvons Laval. Au pied de l'amphithéâtre dont la ville occupe le centre, on voit la Mayenne promener ses eaux entre deux haies de maisons irrégulièrement bâties ; des terrasses, des jardins, quelques bouquets d'arbres et plusieurs tapis de verdure : voilà ce qui enlève toute la monotonie de ces tristes habitations.

Notes et Devoirs.

1. Réciter en résumé la leçon entière.
2. Dire par écrit ce qu'on sait sur le Berry, Bourges et Châteauroux.

3. Il existe quelques noms sur le genre desquels on peut souvent se tromper.

Sont *masculins* : abîme, amalgame, ambre, anathème, antidote, antre, antipode, armistice, automate, centime, emblème, évangile, exemple, hospice, incendie, indice, ivoire, midi, orifice, parafe, platine, pleurs, ulcère, vestige.

Sont *féminins* : amnistie, agrafe, antichambre, armoire, atmosphère, dinde, ébène, écritoire, enclume, épitaphe, équivoque, horloge, idole, image, nacre, oasis, omoplate, orbite, sentinelle, varice.

4. L'élève écrira en toutes lettres les problèmes suivants, ainsi que ceux de la leçon précédente, et effectuera les calculs indiqués :

100f 1an = 5f
430f 65jours = x
$\frac{5 \times 430 \times 65^{\text{jours}}}{100 \times 365} =$

100f 1an = 5f
100f 3ans 5mois 8jours = x
$\frac{5 \times 827 \times 128^{\text{jours}}}{100 \times 365} =$

21. L'Anjou.

En 1290, Marguerite, petite-fille de Charles d'Anjou, qui régna sur Naples et la Sicile, apporta l'Anjou et le Maine à Philippe VI. Jean le Bon érigea l'Anjou en duché et le donna pour apanage à son second fils, Louis. Le dernier rejeton de cette famille, Charles IV, institua Louis XI son héritier, et l'Anjou fut irrévocablement uni à la couronne en 1482. Cette province, fertilisée par la Loire, a formé un seul département : Maine-et-Loire, chef-lieu Angers.

Angers est dans une magnifique situation sur la Mayenne, un peu au-dessous de son confluent avec la Sarthe. Elle est bâtie en amphithéâtre sur le penchant d'un coteau s'abaissant jusqu'au bord de la rivière, qui a dans cet endroit la largeur d'un grand fleuve, et forme un port très-commode et très-fréquenté. Les boulevards aérés et bien plantés forment, autour de la ville, une promenade circulaire de la plus grande beauté. La plupart des rues, dans le cœur de la ville, étroites, sombres, escarpées, quelques-unes même d'un accès très-difficile pour les voitures, sont bordées de vieilles maisons, construites, les unes en pans de bois plaqués d'ardoise sur les façades, les autres en pierres d'ardoise, ce qui leur donne un aspect triste et désagréable à l'œil. On y trouve cependant quelques beaux quartiers.

Notes et Devoirs.

1. Résumer par écrit la leçon entière.

2. Réciter ce qu'on sait sur la Touraine en général et Tours en particulier.

3. On peut être *brave, plus brave* qu'un autre, *le plus brave* de tous ou, en général, *très-brave*. De là, trois degrés de signification dans les adjectifs : le *positif*, le *comparatif* et le *superlatif*.

4. Quel est l'intérêt de 430 fr. placés à 6 p. 100, pendant 2 ans, 6 mois et 40 jours? — Je réduis d'abord en jours 2 ans, 6 mois et quarante jours, et j'ai 940 jours.

$$\text{Donc : } \begin{matrix} 100^{f} & 360^{\text{jours}} & 6^{f} \\ 430^{f} & 940^{\text{jours}} & x \end{matrix} \left\{ \frac{6^{f} \times 430 \times 940^{\text{jours}}}{100 \times 360} = \right.$$

5. Divisions avec preuve :

$$\frac{36549{,}57}{256} = 142{,}77 \left\{ \frac{36549{,}57}{142{,}77} = \right.$$

---

22. L'Orléanais

Ce pays était jadis occupé par les *Aureliani* et les *Carnutes*, d'où viennent les noms Orléans et Chartres.

Il faisait partie des domaines de Hugues-Capet, en 987, quand celui-ci monta sur le trône. Le sol très-varié de l'Orléanais offre le contraste complet de l'ingrate Sologne au Sud et de la fertile Beauce au Nord. Il a formé trois départements : Loiret, chef-lieu Orléans ; Loir-et-Cher, chef-lieu Blois, qui contiennent la Sologne; et Eure-et-Loire, chef-lieu Chartres, où se trouve la Beauce.

Orléans semblait prédestinée pour deux siéges fameux. Après Jules César, le conquérant civilisé, elle vit sous ses murs le fameux Attila. Jeanne d'Arc relève plus tard son courage et inspire à ses habitants une ardeur héroïque. Prise et reprise par les Prussiens en 1870, elle a eu sa grande part des ruines de notre époque. La cathédrale d'Orléans est, dans son genre, l'un des plus beaux monuments de la France religieuse.

La vieille cité des Carnutes, *Chartres*, est généralement si mal bâtie, qu'il semble qu'elle ait laissé marcher les siècles sans s'apercevoir de leurs progrès.

Blois, bâtie en amphithéâtre sur une colline escarpée, présente de loin un magnifique aspect extérieur. Mais, en y pénétrant, on trouve des rues étroites et tortueuses, et on se voit obligé de gravir les rampes rapides et même les escaliers qui relient les quartiers hauts aux quartiers bas.

Notes et Devoirs.

1. Dicter la leçon en entier. Analyser les verbes de la leçon.

2. Dire par écrit ce qu'on sait sur la Sarthe, la Mayenne, le Mans et Laval.

3. On appelle *taux*, l'intérêt de 100 fr. pendant un an; *capital*, la somme placée; *temps*, le nombre de jours, de mois ou d'années que le capital demeure placé, et *intérêt*, la somme que rapporte le capital. Dans les formules précédentes, on a dû remarquer qu'on multiplie *toujours* le capital par le taux et par le temps, et qu'on divise par 100 pour les *années*, par 100 $\times$ 12 ou 1200 pour les *mois*, et par 100 $\times$ 365 ou 36500 pour les *jours*. Cette règle que nous expliquerons en détail plus tard, doit être apprise par cœur, puisqu'elle permet de répondre sans peine à toutes les questions relatives à l'*intérêt*.

23. Le Nivernais.

C'est la seule province qui ne fut pas réunie à la couronne avant la Révolution. Grand commerce de bois, exploitation de mines et fonderies de fer, voilà en général la vie des habitants de ce pays, qui a formé le département de la Nièvre, chef-lieu Nevers.

Comme toutes les villes antiques, Nevers se compose en général de rues étroites et mal percées. Bâtie en amphithéâtre sur le flanc d'une colline, sur la rive droite de la Loire et au confluent de la Nièvre, elle offre cependant un joli aspect, vue de l'extérieur. Le parc du château, qui occupe le sommet de la colline, est devenu l'une des plus jolies promenades de la ville.

C'est à *Clamecy*, chef-lieu d'arrondissement, qu'affluent, de tous les points du Nivernais, mais surtout des forêts du Morvan, les quantités considérables de bois qui vont alimenter la capitale. L'Yonne, affluent de la Seine, prend un air singulier d'animation, quand les trains se détachent du rivage et forment une suite innombrable de cordes de bois flottantes. C'est au moyen du flottage qu'on exécute le transport de ces bois, ce qui consiste à les lancer à l'eau et à les abandonner ensuite au courant.

Notes et Devoirs.

1. Copier la leçon en entier.
2. Dire par écrit ce qu'on sait sur Angers et sur l'Anjou.
3. Distinguer, au moyen d'exemples écrits, *ses*, adjectif possessif, de *ces*, adjectif démonstratif, et de *c'est*, pronom démonstratif et verbe *être*.
4. Chercher, en se servant de la règle de la leçon précédente, l'intérêt à 5 p. 100 de ces trois sommes : 200 pendant 4 ans, 300 pendant 6 mois, et 400 pendant 90 jours.

Posez vos formules, effectuez-les et vous trouverez : 1° 40 fr., 2° 7f50, 3° 5 fr.

5. Un ouvrier reçoit 59f50 pour 14 journées de travail. Combien gagne-t-il par jour?

Il gagnera évidemment 14 fois moins que dans 15 jours, ou $\frac{59,50}{14} = 4^{f}25$.

6. Calculs avec preuve :

$267 \times 140,13 = 51428,75.$

$\frac{51428,75}{367} =$ $\frac{51428,75}{140,13} =$

24. Le Bourbonnais.

Cette province du centre de la France, remarquable surtout par ses eaux minérales, formait autrefois le domaine des sires de Bourbon, et elle fit partie du gouvernement du Lyonnais; elle répond aujourd'hui au département de l'Allier, chef-lieu Moulins.

Moulins s'annonce d'abord par un pont magnifique sur le torrentieux Allier. Une épaisse et solide maçonnerie soutient ce pont qui montre avec orgueil ses treize arches ovales, de vingt mètres d'ouverture chacune. La tour du château, ancien palais des Bourbons, domine cette ville de briques, qu'entourent des coteaux d'un aspect riant et pittoresque.

A dix-neuf kilomètres ouest de Moulins, Bourbon-l'Archambault, chef-lieu de canton, offre aux baigneurs des maisons spacieuses et bien distribuées, ainsi qu'un climat tempéré depuis le 15 mai jusqu'au mois d'octobre. Près de quatre-vingts malades peuvent prendre les eaux chaque jour à l'hôpital, et autant à l'établissement public.

Vichy, chef-lieu d'arrondissement à soixante kilomètres sud de Moulins, offre aussi ses bains et ses eaux salutaires. C'est le rendez-vous d'une société brillante.

Notes et Devoirs.

1. Réciter en résumé la leçon entière.
2. Dire par écrit ce qu'on sait sur l'Orléannais, Orléans, Chartres et Blois.
3. Distinguer, au moyen d'exemples écrits, *ce* et *ceux*, pronoms démonstratifs et *se* pronom personnel réfléchi. — Sous le rapport du mécanisme de la conjugaison, les temps des verbes sont *primitifs* ou *dérivés*. Les premiers servent à former les autres et les dérivés sont ceux qui sont formés de temps primitifs, ainsi que nous le verrons dans les leçons suivantes.
4. En opérant d'après la règle des années, nous avons trouvé que l'intérêt de 200 fr. pendant 4 ans est 40 fr. — Sur cette première formule : $\frac{200 \times 5 \times 4}{100} = 40$ fr. on peut faire ces trois questions : Quel est le *capital* qui, placé à 5 p. 100 pendant 4 ans a rapporté 40 fr. ? A quel *taux* ont été placés 200 fr. qui ont rapporté 40 fr. pendant 4 ans ? Pour combien de *temps* a-t-on placé 200 fr. qui ont produit 40 fr. à 5 p. 100. (Voyez leçon suivante.)
5. Exercices :

$$\frac{729,6}{0,8} = 912 \qquad \frac{815,3}{1,8} = 452$$

$$\frac{729,6}{912} = \qquad \frac{815,3}{452} =$$

---

25. L'Auvergne.

Les Arverni, qui ont donné leur nom à l'Auvergne, furent un des peuples les plus puissants de la Gaule. C'est de l'Arvernie que sortit Vercingétorix, le plus opiniâtre adversaire de César. Le sol de l'Auvergne, couvert de nombreuses montagnes, offre partout des volcans éteints. Ses vallées, autrefois inondées de laves brûlantes, sont célèbres par leur fertilité. L'Auvergne, qui fut réunie à la couronne par Louis XIII, offre au voyageur curieux les sites pittoresques de la Suisse et du Tyrol, les cratères horribles de l'Etna et les pâturages normands unis à la floraison italienne. Elle a formé deux départements : Puy-de-Dôme, chef-lieu Clermont; Cantal, chef-lieu Aurillac.

Clermont s'échelonne contre les flancs arrondis d'un cône légèrement soulevé dans une demi-circonférence de pyramides, qui s'ouvre dans les monts d'Auvergne, vous devinez que la ville doit être sombre et entassée et que ses rues, montantes comme des échelles, lui donnent un triste aspect.

Aurillac, bâtie sur les laves pétrifiées, domine la rive droite de la vallée pittoresque arrosée par la Jordanne; les rues, quoique irrégulières, sont larges et arrosées par les filets limpides et fugitifs de deux sources abondantes. Les routes de Rodez, de Clermont, de Saint-Flour et de Tulle forment autant de belles avenues dont l'agrément est augmenté par les campagnes environnantes.

Notes et Devoirs.

1. Résumer par écrit la leçon entière.
2. Dire oralement ce qu'on sait sur le Nivernais, Nevers et Clamecy.
3. Pour répondre aux problèmes de la leçon précédente, il n'y a qu'à utiliser le principe de la division : connaissant un produit et un facteur, il s'agit de trouver l'autre facteur. — Pour trouver le *capital* (première question), je pose ma formule générale en mettant x à la place du facteur inconnu : $\frac{x \times 5 \times 4}{100} = 40$ fr. Je connais un produit $\left(\frac{40}{100}\right)$ et un facteur $\frac{5 \times 4}{100}$. Je trouverai donc x ou le capital en divisant 40 par $\frac{5 \times 4}{100}$ ou $\frac{20}{100}$ ou $0{,}20 : = \frac{40}{0{,}20} = 200$ fr.
4. Exercices de calcul avec preuve :

$$\frac{3648{,}5}{0{,}72} = 5067 \qquad \frac{2547{,}36}{7{,}9} = 322{,}4$$

$$\frac{3648{,}5}{5067} = \qquad \frac{2547{,}3}{322{,}4} =$$

---

26. La Guienne.

La Guienne faisait partie du grand gouvernement de Guienne-et-Gascogne, dont elle occupait la partie septentrionale. Elle comprenait le Bordelais, le Médoc, le Périgord, etc. Elle suivit les destinées d'Eléonore d'Aquitaine et ne fut réunie à la couronne qu'à la mort de Charles, frère de Louis XI. Cette province a formé six départements : Gironde, chef-lieu Bordeaux ; Dordogne, chef-lieu Périgueux ; Lot, chef-lieu Cahors ; Aveyron, chef-lieu Rodez ; Tarn-et-Garonne, chef-lieu Montauban ; Lot-et-Garonne, chef-lieu Agen.

Bordeaux est située sur la rive gauche de la Garonne, à quatre-vingts kilomètres de l'Océan. Le fleuve décrit un arc immense en face de la ville, en sorte que Bordeaux a toujours grandi dans le même sens que cette courbe et a conservé la forme du croissant. C'est à M. de Tourny, intendant de la généralité de Guienne, qu'elle doit sa moderne et splendide couronne de places, de maisons, de quais et d'édifices de bon goût. Le port est le fleuve même, qui se creuse un lit de huit mètres, et peut contenir douze cents navires de cinq à six cents tonneaux.

Périgueux, située sur une colline, au pied de laquelle coule l'Isle, présente deux villes distinctes : l'ancienne qui se reconnaît à ses maisons vastes et solidement construites, mais tristes et noircies par le temps. La cité moderne, au contraire, vous offre de splendides boulevards et des promenades ravissantes, parmi lesquelles on doit signaler le cours Tourny.

Notes et Devoirs.

1. Dicter la leçon en entier.
2. Dire par écrit ce qu'on sait sur le Bourbonnais, Moulins et Vichy.
3. Nous verrons plus tard que, pour effectuer la *division* des fractions ordinaires, il suffit de multiplier le dividende par la *fraction diviseur renversée*. Nous pouvons désormais faire usage de ce procédé pour les questions d'intérêt : ce qui facilitera beaucoup les calculs.

Ainsi pour diviser 40 par $\frac{5 \times 4}{100}$, il suffit de renverser cette *formule fraction* et on a $40 \times \frac{100}{5 \times 4}$ ou $\frac{40 \times 100}{5 \times 4} = 200$ fr.

Opérations pour chercher le *taux* :

$\frac{200 \times x \times 4}{100} = 40$ fr. ; donc x ou le taux $= 40 \div$

$\frac{200 \times 4}{100}$ et en multipliant 40 par la formule renversée

$$\frac{40 \times 100}{200 \times 4} = 5 \text{ fr.}$$

4. Divisions avec preuve :

$$\frac{51427,86}{3,8} = 13533,6 \qquad \frac{36245,8}{2,7} = 13424$$

$$\frac{51427,86}{13533,6} = \qquad \frac{36245,8}{13424} =$$

---

27. La Guienne (*suite*).

Aucune ville n'est mieux enfermée que *Cahors* : la rivière du Lot l'enclot dans une longue et étroite péninsule, et, derrière ce cours d'eau, des montagnes dessinent un demi-cirque de vastes dimensions. Agréable coup d'œil démenti par l'intérieur tortueux et montueux de la vieille cité, où l'on peut voir encore quelques vestiges de l'époque romaine. A l'extrémité du département, un abîme désigné sous le nom de *Gouffre de Lentoni*, s'ouvre sur un rayon de six mètres (Voir *Dict. Ed.*, GUIENNE).

Rodez vous apparaît sur sa plate-forme de rochers, dominée par la tour importante de sa cathédrale. De magnifiques promenades descendent en pente douce et par une triple rangée de tilleuls jusqu'aux rives de l'Aveyron, dont la source est un des objets les plus dignes de la curiosité des voyageurs. Plus loin, on trouve des montagnes brûlantes, dont le feu n'est visible que dans l'obscurité de la nuit.

Montauban, la ville aux briques, vous montrera avec orgueil sa place Royale, spacieuse et carrée; l'avenue des Acacias et la promenade des Terrasses, d'où l'on jouit d'une vue magnifique sur la belle vallée du Tarn et sur les riantes vallées du Tescou.

A l'ombre d'une colline, haute de cent trente mètres, *Agen* déploie ses rues sinueuses, mal pavées et maussades, dont vous êtes dédommagé par la promenade du Gravier, une des plus belles de France. Du haut de la colline qui domine Agen, on voit dans le lointain la chaîne orientale des Pyrénées.

Notes et Devoirs.

1. Copier la leçon en entier.

2. Dire par écrit ce qu'on sait sur l'Auvergne, Clermont et Aurillac.

3. Il y a cinq temps primitifs : le présent de l'infinitif, le participe présent, le participe passé, le singulier du présent de l'indicatif et le passé défini.

4. L'élève expliquera par écrit ces problèmes : Dix pièces de drap contenant 24m50 chacune ont coûté 4581f50. Quel est le prix du mètre ? — Un entrepreneur qui occupe 36 ouvriers leur paye 4147f20 pour 24 journées de travail. Combien chaque ouvrier gagne-t-il par jour ? — Réponse : 1° 18f70 ; 2° 4f80.

5. Rappelons encore aux élèves que la preuve d'une multiplication peut se faire en intervertissant l'ordre des deux facteurs, et celle d'une division par une nouvelle division où l'on met pour diviseur le quotient obtenu dans la première.

$$\frac{712584,9}{4,39} = 162320 \quad \Big\} \quad \frac{712584,9}{162320} =$$

---

28. La Gascogne.

La Gascogne, qui tire son nom des Vascones ou Gascons, peuple d'Espagne, resta aux Anglais depuis [illegible] d'Aquitaine jusqu'à Charles VII, qui la réunit [illegible]ment à la France. On sourit volontiers aux [illegible] escarpée qui baigne le Gers, est mal distribuée et n'a d'irréprochable que sa propreté. Si vous montez jusqu'à la place qui domine la ville, une plate-forme entourée de belles maisons et de beaux arbres vous consolera des fatigues de l'ascension, et si vous plongez vos regards plus avant, les Pyrénées termineront un horizon des plus vastes et des plus splendides.

Notes et Devoirs.

1. Réciter en résumé la leçon entière.

2. Dire par écrit ce qu'on sait sur la Guienne, Bordeaux et Périgueux.

3. Le présent de l'infinitif forme deux temps : le *futur* par le changement de *r, oir* ou *re* en *rai, ras, ra, rons, rez, ront ;* et le conditionnel par le changement de *r, oir* ou *re* en *rais, rais, rait, rions, riez, raient.* Conjuguer à l'infinitif, au futur et au conditionnel tous les verbes de la leçon.

4. Les questions de *capital*, de *taux* et de *temps*, peuvent servir de preuve aux trois formules générales d'*années*, de *mois* et de *jours*. (Voir *Dict. d'éd.*) En effet, si on a : $\frac{300^f \times 5^f \times 6^{mois}}{1200} = 7^f50$; capital $= 7^f50 \div \frac{5 \times 6}{1200}$ ou $\frac{7^f50 \times 1200}{5 \times 6} = 300$ fr. ; taux $= \frac{300 \times x \times 6}{1200} = 7^f50$, c'est-à-dire $7^f50 \div \frac{300 \times 6}{1200}$ ou $\frac{7{,}50 \times 1200}{5 \times 6} = 5^f$. Effectuer ces formules et rédiger les quatre problèmes qu'on peut tirer de la première formule $\frac{300^f \times 5^f \times 6^{mois}}{1200}$.

---

29. La Gascogne (*suite*).

Tarbes, arrosée d'eaux vives et courantes, est une jolie petite ville où les maisons à un étage, en marbre et briques, possèdent chacune un jardin parfumé. Elle n'offre d'ailleurs rien d'intéressant, et le voyageur se hâte d'aller contempler les merveilles d'Argelès et de Bagnères.

Argelès est au fond d'une vallée sans pareille dans les Pyrénées et même dans toute la France : c'est un bassin délicieux qui s'étend au bord du Gave de Pau sur un parcours de deux lieues : végétation luxuriante, forêts de châtaigniers, avenues de noyers, groupes de maisons liserées de marbres et noyées dans la verdure.

Au midi de cette vallée, s'ouvrent trois autres vallées non moins célèbres; l'une vers Arrens, l'autre vers Cauterets, et la troisième vers Lutz et Saint-Sauveur.

Poursuivez votre voyage en remontant le long du Gave, vous descendrez au fond d'un ravin triste, sauvage, insalubre, mais qui cache sous des vapeurs souvent épaisses et infectes, une source bien efficace pour guérir les maladies de la peau; c'est *Baréges*, réduit des ours aussitôt après le départ des hommes.

Bagnères, dans le même département, vous présentera ses hôtels coquets, ses églises aux clochers élancés, ses rues arrosées par un filet d'eau de l'Adour, le beau marbre de la vallée de Campan, des avenues de peupliers, de riants bosquets, et vous reconnaîtrez dans ce petit Paris la métropole des bains de tout le midi de la France.

Notes et Devoirs.

1. Résumer par écrit la leçon en entier.

2. Dire oralement ce qu'on sait sur Cahors, Rodez, Montauban et Agen.

3. Le participe présent forme le pluriel du présent de l'indicatif, par le changement de *ant* en *ons, ez, ent;* l'imparfait de l'indicatif par le changement de *ant* en *ais, ais, ait, ions, iez, aient;* le présent du subjonctif par le changement de *ant* en *e, es, e, ions, iez, ent;* et enfin le pluriel de l'impératif.

4. Un ouvrier qui fait 3m50 d'étoffe par jour a gagné en 200 jours 595 francs. Combien gagne-t-il par mètre?

Expliquer et effectuer : $\frac{595^{f}}{200 \times 3^{f}50} = 0^{f}85.$

5. Calculs avec preuve :

$1450435 \times 0,345 = 500400,03.$

$\frac{500400,03}{0,345} =$ $\frac{500400,03}{1450435} =$

---

30. Le Béarn.

Le Béarn, jadis habité par les Bénéharni, fut réuni à la couronne de France par Henri IV. Sur un rayon de quinze lieues, nous trouvons ici trois peuples : Basques,

Béarnais, Bigorrans. Le pays du bon Henri, dont le sol, peu fertile en général, produit cependant des grains de toute espèce, des vins renommés et des bois de construction, a formé le département des Basses-Pyrénées, ch.-l. Pau.

Pau, jolie et charmante ville renommée par son doux climat, vous présentera son vieux château, nouvellement restauré, et dont chaque étage vous retrace de hauts faits. Du haut de la terrasse de cette résidence, jadis royale, une vue magnifique se déroule à vos pieds : le Gave et les plus belles promenades qu'on puisse voir en Europe; les coteaux de Jurançon; les Pyrénées qui surgissent du sein des mers et s'élèvent par degrés en formant au loin un rempart circulaire.

Bayonne, à l'autre extrémité du département, fortifiée par Vauban, est connue des marins par son port marchand et militaire, des soldats par la baïonnette, inventée sous ses murs en 1640, et de tout le monde par ses jambons.

A huit kilomètres de Bayonne, Biarritz, au bord de la mer, est fécond en vagues furieuses. Du côté de la montagne, vous retrouverez aux Eaux-Bonnes et aux Eaux-Chaudes les sites pittoresques de Baréges et de Cauterets.

Notes et Devoirs.

1. Dicter la leçon en entier.
2. Dire par écrit ce qu'on sait sur la Gascogne, Mont-de-Marsan et Auch.
3. Le participe passé forme tous les temps composés, au moyen de l'auxiliaire *avoir* et de l'auxiliaire *être*. (Voir article CONJUGAISON dans le *Dict. d'Ed.*)
4. On échange 38^m40 de toile, à 4^f50 le mètre cube, contre 7^m68 de drap. Que coûte un mètre de ce drap?

Expliquer et effectuer : $\dfrac{4^f50 \times 38^m40}{7,68} = 22^f50.$

5. On veut échanger 7^m68 de drap, à 22 fr. 50 le mètre, contre de la toile, à 4 fr. 50 le mètre. Combien aura-t-on de mètres de toile?

Expliquer et effectuer ce problème, qui est la preuve du précédent : $\dfrac{22^f50 \times 7,68}{4,50} = 38^m40.$

6. Calculs avec preuve :

$10216 \times 7{,}65 = 78154.$

$\frac{78154}{7{,}65} =$ $\frac{78154}{10216} =$

31. Le Comté de Foix.

Les destinées du comté de Foix se confondirent avec celles du Béarn en passant à la couronne de Navarre. Il est enclavé aujourd'hui dans le département de l'Ariége, ch.-l. Foix, pays de montagnes et fertile en curiosités naturelles. Le voyageur n'a, pour ainsi dire, qu'à se retourner pour passer des sources intermittentes aux grottes naturelles, des monts gigantesques aux riantes prairies, du calme de la vallée aux fureurs des tempêtes. Les mœurs des habitants n'excitent pas moins l'intérêt. On aime à y retrouver de nombreuses traces de cette aimable simplicité des vieux montagnards pyrénéens.

La petite république d'Andorre est, sans contredit, le pays de l'Europe qui possède au plus haut degré le sentiment de famille. Les vices et la corruption des villes n'ont point flétri les heureux habitants de ces vallées.

La ville de *Foix* s'étend autour du roc que domine son château, et sur une langue de terre, à la jonction de l'Ariége et de la rivière Large. Elle est fort triste, mal percée et mal pavée; mais les deux falaises, plus élevées que le château, qui encaissent l'étroite vallée de Foix, rendent le site extrêmement pittoresque. Non loin de Saint-Girons, ch.-l. d'arrondissement, où aboutissent cinq vallées, se trouvent les eaux minérales d'Audinac.

Notes et Devoirs.

1. Copier la leçon en entier.

2. Dire par écrit ce qu'on sait sur Tarbes, Argelès, Baréges et Bagnères.

3. Le singulier du présent de l'indicatif forme le singulier de l'impératif. La deuxième personne du passé défini forme l'imparfait du subjonctif, par le changement de *s* final en *sse*, *sses*, *ût*, *ssions*, *ssiez*, *ssent*. — Dire oralement les temps primitifs des verbes de la leçon.

4. Chercher l'intérêt de 400 fr. à 5 p. 100 pendant 90 jours.

$$\text{Intérêt} = \frac{400 \times 5 \times 90}{36000} = 5^{f}.$$

5. Quel est le capital qui rapporte **5** fr., placé à **5** pour 100 pendant 90 jours?

$$\frac{x \times 5 \times 90}{36000} = 5^{f} \quad \text{Capital} = \frac{5 \times 36000}{5 \times 90} =$$

6. Dans combien de temps 400 fr. rapportent-ils **5** fr. d'intérêt, au taux de 5 pour 100?

$$\frac{400 \times 5 \times x}{36000} = 5^{f} \quad \text{Temps} = \frac{5 \times 36000}{400 \times 5} =$$

7. Exercices de calcul avec preuve :

$$13469 \times 25{,}8 = 347517.$$

$$\frac{347517}{25{,}8} = \qquad\qquad \frac{347517}{13469} =$$

---

32. Le Roussillon.

Cette province, qui appartint longtemps à l'Espagne, ne revint à la France qu'en 1642, par conquête, sous Louis XIII, et le traité des Pyrénées en garantit la possession. Des forêts grandioses, des monts sublimes couronnés de neige; à leur pied, des plaines fertiles, où croissent à l'envi l'olivier et l'oranger, et plus loin, sur le côté oriental, la mer, vers laquelle les Pyrénées s'abaissent insensiblement : tel est l'aspect de ce pays, qui a formé le département des Pyrénées-Orientales, ch.-l. Perpignan.

Avec ses hautes et puissantes montagnes, ses rues étroites et sombres, et les deux rivières qui en baignent le pied, *Perpignan* est là, sur les frontières de l'Espagne, pour défendre les envahissements de l'ennemi. Une des curiosités de cette ville de guerre, c'est sa place d'Armes, immense carré long, sur lequel cinq mille hommes peuvent être déployés en bataille. Du haut des murs, vous admirez la magnifique plaine du Roussillon, des coteaux couronnés de vignobles fertiles, et au fond du tableau le mont Canigou, dont la cîme est toujours couronnée de neige.

Du côté de la mer, *Port-Vendres*, avec son port, ses quais et son phare, est digne de fixer votre attention.

Notes et Devoirs.

1. Réciter en résumé la leçon entière.

2. Dire par écrit ce qu'on sait sur le Béarn, Pau, Bayonne et Biarritz.

3. La plupart des averbes de *manière* se forment d'adjectifs féminins, auxquels on ajoute *ment :* actif, active, activement. Dans les adjectifs en *ant* et *ent*, on retranche du féminin la finale *te* et l'on change *n* en *m*. — Ecrire les adverbes dérivés des adjectifs suivants : bas, beau, discret, doux, essentiel, faux, frais, franc, glorieux, léger, long, malin, mutuel, net, public, sec, sot, tardif, tendre ; — hardi, poli, vrai (où l'on supprime l'*e* du féminin). — Courant, fréquent, négligent, nonchalant, prudent, puissant, savant, violent.

4. Escompter un billet de 3480f90 payable à 45 jours, à 8 pour 100 ; ce qui revient à trouver l'intérêt de cette somme placée à 8 pour 100 pendant 45 jours.

$$\frac{3480^{f}90 \times 8 \times 45}{36000} =$$

5. Exercices de calcul avec preuve :

$$84698 \times 0{,}67 = 56748{,}2.$$

$$\frac{567482}{0{,}67} = \qquad \frac{5678{,}2}{84698} =$$

---

33. Le Languedoc.

A l'époque de la croisade contre les Albigeois, le comte Amaury de Montfort, à qui le Languedoc avait été dévolu, le céda au roi de France, Louis VIII, père de saint Louis.

Cette province, traversée par les Cévennes et les monts du Vivarais, jouit d'un climat qui varie suivant les hauteurs, mais il est chaud et délicieux en approchant de la mer. Ses vins spiritueux, son miel de Narbonne, son muscat de Frontignan, ses eaux-de-vie de Lunel et ses melons parfumés, sont connus de tout le monde. Ce pays a vu naître le maréchal Pélissier, les académiciens Flourens et Viennet, le cardinal Fleury, Cambacérès et Paul Riquet, l'illustre créateur du canal du Midi. Le Languedoc a formé huit départements : Haute-Garonne, ch.-l. Toulouse ; Tarn, ch.-l. Alby ; Aude, ch.-l. Carcassonne ; Hérault, ch.-l. Montpellier

Lozère, ch.-l. Mende; Haute-Loire, ch.-l. le Puy; Ardèche, ch.-l. Privas; Gard, ch.-l. Nîmes.

Toulouse se présente agréablement du côté de la Garonne par les beaux quais qui bornent le fleuve, et on admire tout d'abord les jardins, les promenades et les magniques habitations qui séparent le faubourg de la ville même; mais l'intérieur ne répond pas à sa belle position. Ses maisons, construites en briques rouges mal cimentées, ses rues étroites et tortueuses lui donnent un air assez triste. Le Capitole, le Musée, le Jardin des Plantes, l'ancien évêché, vous donneront de Toulouse une juste et grande idée.

Notes et Devoirs.

1. Résumer par écrit la leçon entière.
2. Dire oralement ce qu'on sait sur le département de l'Ariége, la république d'Andorre et Foix.
3. Pour deviner la dernière lettre de certains noms masculins, d'adjectifs ou participes, on cherche des dérivés pour les noms, et on forme le féminin pour les adjectifs : c'est le moyen d'éviter beaucoup de fautes d'orthographe. — Dire oralement et sans voir le livre la lettre finale des mots suivants : plomb, bord, rang, fusil; — fécond, soumis, prédit, vert, froid.
4. Partager 7300 fr. entre 3 enfants proportionnellement à leur âge, 5 ans, 6 ans, 7 ans.

Formules à expliquer plus tard :

$$\begin{array}{l} 5 \\ 6 \\ \underline{7} \\ 18 \end{array} \qquad 1^{o}\ \frac{7300 \times 5}{18} = \qquad 2^{o}\ \frac{7300 \times 5}{18} = \qquad 3^{o}\ \frac{7300 \times 7}{18} =$$

La somme des trois parts doit égaler 7300 fr. Effectuer ces calculs.

34. Le Languedoc (*suite*).

Alby, d'un aspect sombre et décrépit, est au nombre des plus anciennes villes de France, et elle n'offre rien de remarquable, si ce n'est sa cathédrale, construite en briques, et dont la hauteur du clocher atteint quatre-vingt-quatorze mètres. — *Castres* mérite l'honneur du premier rang, parmi les villes du Tarn, non-seulement par sa population, qui est double de celle d'Alby, mais encore par son industrie, ses draps croisés et ses superbes promenades.

Au centre d'un pays riche et fertille, arrosé par l'Aude et traversé par le canal du Midi, *Carcassonne* est une ville élégante et bien bâtie; ses rues larges, bien alignées, d'une propreté extrême et rafraîchies par des ruisseaux d'eau courante, se croisent à angle droit, de telle sorte que de tous les points de la ville, on aperçoit toujours les boulevards extérieurs. — *Narbonne*, l'une des plus anciennes villes de la Gaule, et protégée par des remparts, a toujours été considérable à cause de sa position au bord de la mer.

Montpellier s'élève en amphithéâtre, et c'est auprès de la place du Peyrou, remarquable par les bâtiments qui l'entourent, qu'elle atteint sa plus grande hauteur. — De cet endroit, l'œil découvre facilement les Alpes, les Pyrénées, les Cévennes et la mer. — *Béziers* est remarquable par la beauté de sa position, la douceur de son climat et la fertilité des terres qui l'environnent.

Notes et Devoirs.

1. Dicter la leçon entière.
2. Dire par écrit ce qu'on sait sur le Roussillon, Perpignan et Port-Vendres.
3. Les consonnes se redoublent presque toujours dans les syllabes suivantes : *ac, af, ap, at, com, cor, dif, ef, il, im, ir, oc, of, ouf, uf;* excepté dans acacia, académie, acajou, acariâtre, afin, Afrique, apaiser, apercevoir, aplanir, atelier, atome, atroce, comédie, comestible, comète, corail, coriace, île, ilote, image, imiter, irascible, ironie, océan, oculaire, soufre, manufacture, usufruit et leurs composés. — Apprendre par cœur cette note, qui est de la plus grande importance pour l'orthographe.
4. Partager 3600 fr. entre 2 associés qui ont mis en commerce, le premier 4000 fr., le deuxième 5000 fr.

Mises $\left\{\begin{array}{l} 4000^{f} \\ 5000^{f} \end{array}\right.$

Total = 9000^{f} — Bénéfice : 3600^{f}.

$$1^{er} \quad \frac{3600 \times 4000}{9000} =$$

$$2^{e} \quad \frac{3600 \times 5000}{9000} =$$

Total égal =

35. Le Languedoc (*fin*).

Plongé dans les frimas et les neiges pendant de longs et rudes hivers, le département montagneux de la Lozère n'offre pas une population bien nombreuse. Cependant *Mende,* assise dans un vallon encaissé de jolies montagnes et arrosé de nombreux ruisseaux, présente au voyageur une foule de petites maisons dont la blancheur se détache sur un fond de prairies et sous un dôme de vergers.

Le Puy, bâtie en amphithéâtre sur le versant du mont Anis, est d'un aspect très-pittoresque, soit qu'on arrive par la route de Clermont, soit par celles de Lyon ou de Saint-Flour. Ce qui ajoute encore à l'austère beauté de ce paysage, c'est le rocher Corneille qui domine la ville de cent trente-deux mètres, et au sommet duquel on vient de placer une statue colossale de Notre-Dame de France.

Nulle part, on ne verra plus de sites étonnants, plus de cascades, de gouffres et de grottes, de ponts naturels, que sur le cours de l'Ardèche qui se déroule sur une longueur de trente lieues.

Privas n'a rien qui attire les regards, si ce n'est le bourg de Rochemaure, bâti en amphithéâtre sur le flanc d'une montagne volcanique.

Le pont du Gard, monument étonnant du génie des Romains, et les arènes de *Nîmes* nous rappellent que cette ville, bâtie sur sept collines entourées de remparts, est une des plus anciennes villes des Gaules. Un jardin public qui rivalise avec les plus belles promenades de l'Europe, des boulevards qu'on ne peut comparer qu'à ceux de la capitale et d'autres monuments font, de Nîmes moderne, une des villes les plus intéressantes de France.

Notes et Devoirs.

1. Copier la leçon en entier.
2. Dire par écrit ce qu'on sait sur le Languedoc et Toulouse.
3. Explication du problème, leçon 33 :

Si l'on donnait au premier enfant 5 fr., au deuxième 6 fr., au troisième 7 fr., la somme distribuée 5 + 6 + 7 = 18 fr. serait partagée selon les conditions établies. Ce point de départ nous permet de trouver, par une règle de trois simple, la solution demandée. En effet, si on avait 18 fr. à partager, les parts seraient : 5 fr., 6 fr., 7 fr.; si on ne partageait que 1 fr., chacun aurait la dix-huitième partie de ce qu'il a, c'est-à-dire $\frac{5}{18}, \frac{6}{18}, \frac{7}{18}$, et puisque nous avons 7300 fr. à partager, chacun aura 7300 fois plus, c'est-à-dire :

1er $\frac{5 \times 7300}{18} =$ 2e $\frac{6 \times 7300}{18} =$ 3e $\frac{7 \times 7300}{18} =$

4. Exercices de calcul avec preuve :

$15016,7 \times 2,5 = 37541,87.$

$\frac{37541,87}{2,5} =$ $\frac{37541,87}{15016,7} =$

---

36. La Provence.

On sait que les Phocéens avaient fondé Marseille vers l'an 600 avant Jésus-Christ.

Des différends survenus entre les Massiliens et les Sayles, amenèrent dans cette partie de la Gaule les Romains comme alliés des premiers. Bientôt, ils s'y établirent et donnèrent au pays le nom de *province romaine*, d'où le nom de Provence. Charles VIII, en 1486, réunit définitivement cette province à la couronne de France.

C'est la terre des troubadours, ces maîtres du gai savoir; c'est le sol privilégié des grenades, des oranges, des amandes, des citrons, des olives, des fruits succulents. Puis, ici des grottes, là des cascades; d'une part, les Alpes et leurs sommets neigeux ; de l'autre, la mer et ses îles charmantes. Cette province, où l'on retrouve le climat, la végétation, et jusqu'au langage même de l'Italie, a formé trois départements : Bouches-du-Rhône, chef-lieu Marseille; Var, chef-lieu Draguignan; Basses-Alpes, chef-lieu Digne.

Marseille, comme Bordeaux, se courbe en forme de fer à cheval, dont la mer remplirait le creux. La vaste cité et ses cinquante mille maisons s'échelonnent en amphithéâtre, de sorte que les habitations les plus éloignées de la mer dominent de mille mètres la plaine liquide. La Cannebière, la plus grande et la plus vaste rue de la ville, aboutit au port dont elle est le débouché.

Notes et Devoirs.

1. Réciter en résumé la leçon entière.
2. Dire par écrit ce qu'on sait sur Alby, Castres, Carcassonne, Narbonne, Montpellier et Béziers.
3. Certains mots prennent la finale *ent* ou *ant*, selon qu'ils sont *adjectifs* ou participes présents : adhérent, adhérant; affluent, affluant; différent, différant; équivalent, équivalant; excellent, excellant; négligent, négligeant; président, présidant; résident, résidant; violent, violant. Employer chacun de ces mots dans une phrase.
4. Explication du problème, leçon 34 :

Si le bénéfice était 4000f + 5000f ou 9000f, le premier aurait pour sa part 4000f et le deuxième 5000f ; s'il n'y avait que 1 fr. de bénéfice, le premier aurait $\frac{4000}{9000}$ et le deuxième $\frac{5000}{9000}$; mais le bénéfice étant 3600 fr., le premier aura $\frac{4000 \times 3600}{9000}$ et le deuxième $\frac{5000 \times 3600}{9000}$.

5. Exercices de calcul avec preuve :

$\frac{74452,6}{0,384} =$ $\frac{74452,6}{193886} =$

---

37. La Provence *(suite)*.

La position de *Draguignan*, au centre du département, lui a valu l'honneur d'être choisie pour le chef-lieu. Ornée de quelques jolies rues et d'édifices assez remarquables, Draguignan s'efface devant les splendeurs de ses campagnes.

Toulon, sous tous les rapports, la première ville du département du Var, jouit sur la Méditerranée d'une de ces admirables positions, communes à la plupart des ports du littoral. La rade, vaste, sûre et à l'abri de tout vent, peut recevoir en tout temps des vaisseaux de toutes grandeurs. Le port de Toulon est l'un des plus vastes et des plus sûrs que l'on connaisse. La plus grande rue, la rue Lafayette, traverse toute la ville et débouche vers le port, sur une belle place carrée, entourée d'un double rang d'arbres et décorée de plusieurs beaux édifices.

Digne s'élève au milieu d'une ceinture de rochers; elle est dominée par la cathédrale, assise sur un roc et terminée par un dôme en fer dont l'aspect est assez triste. Ce département, tout semé de monuments romains, est d'ailleurs fécond en curiosités naturelles, parmi lesquelles nous devons signaler, dans l'arrondissement de Castellane, les montagnes pastorales et les mœurs des bergers qui les habitent. (Voy. *Dict. Educ.*, PROVENCE.)

Notes et Devoirs.

1. Résumer par écrit la leçon en entier.
2. Dire oralement ce qu'on sait sur la Lozère, Mende, le Puy, Privas et Nîmes.
3. Plus tôt, en deux mots, éveille une idée de temps; il est opposé à plus tard. Plutôt, en un seul mot, marque la préférence. On ne doit jamais dire je m'en rappelle, mais je me le rappelle; mais on peut dire je me rappelle avoir trouvé ou *d'*avoir trouvé, parce qu'ici, la préposition *de* n'empêche pas l'infinitif *avoir trouvé*, d'être complément direct.
4. Règle de partage ou de société. — Pour obtenir la part de chaque associé, on multiplie la *mise* de chacun par le bénéfice, et on divise par le total des mises. Si les opérations sont justes, la *somme* des parts doit égaler le bénéfice. Pour plus de clarté, vous disposerez ainsi ces problèmes qu'on peut toujours écrire en chiffres :

$$\text{Mises}\left\{\begin{array}{r}730^{f}\\890^{f}\\1423^{f}\end{array}\right\}\ \text{Bénéfice} : 940^{f} \qquad \text{Total} = 2043^{f}$$

$$1^{er}\ \frac{730^{f}\times 940}{2043} =$$

$$2^{e}\ \frac{890^{f}\times 940}{2043} =$$

$$3^{e}\ \frac{1423^{f}\times 940}{2043} =$$

---

38. Le Comtat d'Avignon.

Le comtat Venaissin qui, avec Avignon, a formé le département de Vaucluse, devint la résidence des papes en 1309, sous Clément V. Lorsque Grégoire XI reporta en 1377 le siége de la papauté à Rome, Avignon fut administrée par un légat; elle resta soumise au

Saint-Siége jusqu'à l'an 1791, où elle fut réunie à la France en même temps que le comtat Venaissin.

Les édifices d'*Avignon* sont uniques en leur genre sauvage; les arcs de triomphe romains rappellent le souvenir de Titus, d'Adrien et même de Marius, le vainqueur des Cimbres. Aux grands monuments, ajoutez les spectacles naturels; la source de la Sorgues, que tout le monde connaît sous le nom de *Vaucluse*, suffirait à elle seule pour contenter le curieux le plus exigeant.

A dix lieues d'Avignon, en plein pays de montagnes, on remonte une vallée charmante, sinueuse, bordée de rochers, où la petite rivière dont la merveilleuse source est à Vaucluse, serpente entre des prairies, forme de petites îles et vivifie des usines.

Notes et Devoirs.

1. Dicter la leçon en entier.

2. Dire par écrit ce qu'on sait sur la Provence en général, et sur Marseille en particulier.

3. Outre l'analyse *grammaticale*, qui consiste à décomposer une phrase mot à mot, il y a encore l'analyse *logique*, par laquelle on décompose une phrase en propositions, et la proposition en ses parties, telles que le sujet, le verbe et l'attribut. Il y a, dans une phrase donnée, autant de propositions qu'il y a de verbes à un mode personnel. Chercher les propositions dans le premier alinéa de la leçon.

4. Quatre associés ont fait un bénéfice de 840 fr. Le premier a mis 925 fr., le deuxième 740 fr., le troisième 1800 fr., le quatrième, 350 fr. Quelle doit être la part de chacun dans le bénéfice?

Disposer les calculs comme dans la leçon précédente, en faisant la somme des quatre parts. Ce total doit donner 840 fr.

5. Exercices de calcul.

$738 \times 0{,}7 = 517$ $\qquad$ $288 \times 1{,}3 = 375$

$\frac{517}{0{,}7} = 738$ $\qquad$ $\frac{375}{1{,}3} = 288$

$\frac{517}{738} =$ $\qquad$ $\frac{375}{388} =$

39. Le Dauphiné.

Ce pays, occupé jadis par les Allobroges, fut donné par Humbert II à Jean, fils de Philippe de Valois, à condition que le fils aîné du roi de France prendrait toujours le nom de dauphin. Le Dauphiné est très-accidenté, très-pittoresque, et offre de nombreuses curiosités naturelles. Il a formé trois départements : Hautes-Alpes, chef-lieu Gap ; Drôme, chef-lieu Valence ; Isère, chef-lieu Grenoble.

Adossée au flanc des Alpes Cottiennes, à l'embranchement de la route de Paris à Marseille, *Gap* est très-mal bâtie, mal percée et peu agréable. Aux environs, un village nommé les *Andrieux*, est privé pendant cent jours de la vue du soleil. *Briançon*, chef-lieu d'arrondissement, est élevé de **1306** mètres au-dessus du niveau de la mer et occupe ainsi le point culminant de toutes les villes de l'Europe.

Laide et mal percée, *Valence* peut se consoler par la vue du merveilleux paysage qui se déroule autour d'elle. Couvert des derniers contre-forts des Alpes qui encaissent la vallée du Rhône, le département de la Drôme, qui nous donne les vins renommés de l'*Ermitage*, réunit aux sites pittoresques les enchantements des rives d'un grand fleuve.

Grenoble est enclavée entre le cours rapide de l'Isère, qui la divise en deux parties, et une montagne appelée Bastille, d'où l'on jouit d'une vue immense sur la magnifique vallée du Graisivaudan. Dans l'Isère, on trouve la *Grande-Chartreuse*, l'un des plus célèbres monastères du monde. (Voy. *Dict. Ed.*, DAUPHINÉ.)

Notes et Devoirs.

1. Copier la leçon en entier.
2. Dire par écrit ce qu'on sait sur Draguignan, Toulon et Digne.
3. On appelle proposition *absolue*, celle qui a un sens complet par elle-même. Quand plusieurs propositions ont des rapports entre elles, on les distingue en *principales* et en *complétives ;* celles-ci complètent les premières. Distinguer dans la leçon ces trois sortes de propositions.
4. Une pièce de drap ayant $16^{m}80$ de long a coûté

325f90. Quelle est la longueur d'une pièce du même drap qui a coûté 405f46? — Expliquer la formule.

$$\left.\begin{array}{l} 325^{f}90 = 16^{m}80 \\ 405^{f}46 = \quad x \end{array}\right\} \frac{16{,}80 \times 405{,}46}{325^{f}90} = 20^{m}90$$

5. Exercices de calcul avec preuve :

$8851 \times 0{,}39 = 3452$ $\quad$ $1688 \times 3{,}7 = 6247$

$\frac{3452}{0{,}39} = 8851$ $\quad$ $\frac{6247}{3{,}7} = 1688$

$\frac{3452}{8851} =$ $\quad$ $\frac{6247}{1688} =$

40. Le Lyonnais.

Jadis habitée par les Ségusiens, cette province fit partie de la Lyonnaise première, puis du royaume de Bourgogne; elle devint ensuite un comité particulier avec le Beaujolais et le Forez, et fut réuni à la couronne sous Philippe le Bel et François Ier. Le Lyonnais a formé deux départements: Rhône, chef-lieu Lyon; Loire, chef-lieu Saint-Etienne.

Lyon, la seconde ville de France, Tarare si renommée pour ses mousselines et ses tissus, le Beaujolais et ses vallées fertiles, les rives fleuries du Rhône et de la Saône, des coteaux dont les vins sont renommés, des ruines romaines ou féodales, les quatre voies ferrées, puissantes artères par où Lyon communique avec le centre de la France, Paris, Strasbourg, la Suisse et la Méditerranée : tel est le tableau que présente le département du Rhône. La place Bellecour, de Lyon, est l'une des plus belles et des plus vastes de l'Europe,

L'immense activité industrielle qui déborde de tous côtés dans ce pays a fait le département de la Loire le plus manufacturier de France. Nommer Saint-Etienne, Saint-Chamond, Roanne et Andrézieux, n'est-ce pas rappeler ce que le génie des temps modernes a produit de plus curieux dans la métallurgie, la fabrication des armes, les soieries et les rubans ?

Notes et Devoirs.

1. Réciter en résumé la leçon entière.
2. Dire par écrit ce qu'on sait sur Avignon et la fontaine de Vaucluse.

3. Les propositions complétives sont ou (*déterminatives :* le renard, *qui dort* ne prend pas les poules ; ou *explicatives :* le renard, *qui est si rusé,* se laisse prendre aux piéges ; ou *directes :* je crois *que le monde finira;* ou *indirectes :* l'alouette commence à chanter *dès que le soleil est levé;* ou *circonstancielles :* les goûts changent *quand on vieillit.* Ces dernières expriment une idée de temps, de lieu, de but, etc. — Chercher dans la leçon ces sortes de propositions.

4. Si $20^{m}90$ de drap a coûté $405^{f}46$, que coûteront $46^{m}80$ du même drap !

(Preuve du problème précédent.)

$$\left.\begin{array}{l} 20^{m}90 = 405^{f}46 \\ 16^{m}80 = \quad x \end{array}\right\} \frac{405^{f}46 \times 16^{m}80}{20,90} =$$

5. Exercices de calcul avec preuve :

$118589 \times 0,156 = 18500$ $\quad$ $883074 \times 0,387 = 341750$

$$\frac{18500}{0,156} = 118589 \qquad \frac{341750}{0,387} = 883074$$

$$\frac{18500}{118589} = \qquad \frac{341750}{883074} =$$

41. La Bourgogne.

La Bourgogne, si connue par ses vins, et qui ne fut réunie à la couronne que par les traités de paix de Campo-Formio et de Lunéville, en 1801, tire son nom des *Burgundes*, peuple germain qui envahit la Gaule en 406.

La Côte-d'Or, vraie mine du Pérou, verse à flots les meilleurs vins de Bourgogne ; c'est une suite de collines qui tournent le dos à la ville de *Dijon*, ornée de jolies maisons en pierre de taille, de beaux édifices civils et de magnifiques monuments religieux.

Auxerre est gracieusement assise aux bords de l'Yonne, à l'endroit où cette rivière est déjà propre à une navigation considérable. Elle voit passer à ses pieds ces chargements de bois que la Nièvre expédie des forêts du Norvan, à destination de la capitale.

Deux grands fleuves, reliés par un canal, baignent de leurs eaux les fertiles plaines de la Saône-et-Loire. *Macon*, qui nous rappelle Lamartine, n'est réellement pas une belle ville. *Creusot* nous apparaît comme une vivante image du progrès industriel.

Dans l'Ain, on trouve les pierres lithographiques qui font nos plus belles gravures, les poulardes de la Bresse, si renommées; des champs qui, tour à tour, donnent poissons et moissons; un peuple, encore gaulois, et des coutumes qui datent de deux mille ans.

Notes et Devoirs.

1. Résumer par écrit la leçon en entier.
2. Dire oralement ce qu'on sait sur le Dauphiné, Gap, Briançon, Valence et Grenoble.
3. On dit qu'une proposition est *elliptique*, quand il y a des mots sous-entendus : *demandez*, et vous recevrez; c'est-à-dire *vous* demandez. Elle est dite *explétive*, quand il y a *pléonasme* ou surabondance de mots : vous riez, et *moi je* pleure (le sujet est exprimé deux fois.)
4. Une ville assiégée n'a que 10 jours de vivres, mais elle doit tenir 18 jours. A combien doit-on réduire la ration de 450 grammes de biscuit par jour ? — (Trois simple inverse.)

$$\left.\begin{array}{l}10 = 450 \\ 18 = x\end{array}\right\} \frac{450^{g} \times 10}{18} =$$

5. Exercices de calcul, avec preuves.

$$12577 \times 0{,}29 = 3647{,}5$$

$$\frac{3647{,}5}{0{,}29} = \qquad \frac{3647{,}5}{12577} =$$

---

42. La Franche-Comté.

Cette province, jadis habitée par les Séquanais, fut réunie à la couronne en 1678, sous Louis XIV, par le traité de Nimègue. Elle a formé trois départements : Doubs, chef-lieu Besançon; Jura, chef-lieu Lons-le-Saulnier; Haute-Saône, chef-lieu Vesoul.

La ville de *Besançon*, perchée à cent-trente mètres sur une vaste plate-forme, forme une presqu'île; le Doubs en remplit les bords, et des bastions, bien construits, en utilisent les eaux, de manière à ceindre entièrement la place. On trouve, dans ce département, les plus curieuses grottes de France.

Le *Jura*, dont les vallées profondes sont sillonnées de petits fleuves torrentieux, représente la Suisse en miniature.

Lons-le-Saulnier, coquette et embellie de fontaines

jaillissantes, voit se relever autour d'elle, comme des bords d'une coupe gracieuse, de magnifiques coteaux tout chargés de vignes. Les sources salées et le travail qui s'y fait, donnent, à cette ville une véritable importance.

Vesoul se déploie en amphithéâtre sur le penchant de la Motte, montagne conique, dont le sommet, haut de quatre cents mètres, se dessine agréablement au-dessus de la ville. Ce département abonde en curiosités naturelles, comme celui du Doubs. (Voy. *Dict. Ed.*, FRANCHE-COMTÉ.)

Notes et Devoirs.

1. Dicter la leçon en entier.

2. Dire par écrit ce qu'on sait sur le Lyonnais, Lyon et Saint-Etienne.

3. Le *sujet logique* est *simple* quand il est exprimé par un seul mot : *le lion* est courageux ; *composé*, quand il est exprimé par plusieurs mots : *le lion et le tigre* sont carnassiers ; *complexe*, quand il a un ou deux compléments : *la force du lion* est surprenante ; et *incomplexe* quand il n'a pas de compléments. On distingue aussi des attributs simples ou composés, complexes ou incomplexes. — Analyser oralement les sujets et les attributs de la leçon.

4. Un marchand vend 4538f40 ce qui lui a coûté 3845f60. Combien gagne-t-il pour 100 sur la vente qu'il fait. — Sur 3845f60 d'achat il gagne 4538f40 moins 3845f60, c'est-à-dire 692f80. Sur 1 fr., il gagnera $\frac{592^f80}{3845^f60}$ et sur 100 fr. il gagnera 100 fois plus que sur 1 fr., ou $\frac{692,80 \times 100}{3845,60} =$

5. Calculs avec preuve :

$$1764,2 \times 3,8 = 6704,08$$

$$\frac{6704,08}{3,8} = \qquad\qquad \frac{6704,08}{1764,2} =$$

---

43. La Lorraine et l'Alsace.

On sait ce que sont devenues ces deux provinces par suite de la fameuse invasion allemande de 1870. Mais nous avons encore là des frères qui nous tendent la main, et en face de l'avenir, ces deux provinces font encore partie de notre belle France. La Lorraine, arrosée d'un grand nombre de rivières, couverte de vastes plaines fertiles en grains et de montagnes riches en bois et en pâturages, fut cédée au roi de Pologne, Stanislas, par le duc François III, qui reçut en échange le grand duché de Toscane, et fut réunie définitivement à la couronne à la mort de Stanislas. L'instruction primaire y a fait des progrès si rapides, que la Meuse tient le premier rang, sous ce rapport, parmi tous nos départements français. La Lorraine a formé quatre départements : Meurthe, chef-lieu Nancy ; Moselle, chef-lieu Metz ; Meuse, chef-lieu Bar-le-Duc ; Vosges, chef-lieu Epinal.

L'Alsace fit partie du royaume d'Austrasie et appartint aux rois de France jusqu'au dixième siècle. Othon Ier, empereur d'Allemagne s'en empara, et la maison d'Autriche se l'appropria depuis. Elle fut réunie à la France sous Louis XIV. Le Rhin, l'un des plus beaux fleuves de l'Europe, d'une part, et, de l'autre, la grande chaîne des Vosges aux flancs couverts de noirs sapins, sont les limites naturelles de cette riche province. Il existe quelque différence entre le genre de vie des habitants de l'Alsace : le Bas-Rhin, chef-lieu Strasbourg, est surtout agricole et militaire ; le Haut-Rhin, chef-lieu Colmar, est plus exclusivement manufacturier.

Notes et Devoirs.

1. Copier la leçon en entier.
2. Dire par écrit ce qu'on sait sur la Bourgogne, la Côte-d'Or, Auxerre, Mâcon et Creusot.
3. Un marchand gagne 15^f60 p. 100 sur la vente qu'il fait. Combien gagne-t-il sur 3748^f80 de vente ?

Sur 115^f60 il gagne 15^f60.

Sur 1 $\dfrac{15^f60}{115^f60}$

Et sur 3748^f80 $\dfrac{15^f60 \times 3748^f80}{115^f60} =$

4. 25 mètres de drap ont coûté 612^f50. Combien faut-il vendre 10 mètres pour gagner 3^f75 par mètre ? — Cherchez le prix d'achat de 10 mètres ; ajoutez-y 10 fois le gain d'un mètre et vous aurez :

$$\frac{612^f50 \times 10}{25} + 3^f75 \times 10 = 282^f50$$

5. Exercices de calcul avec preuve :

$$76794 \times 0{,}459 = 35248{,}7$$

$$\frac{35248{,}7}{0{,}459} = \qquad \frac{35248{,}7}{76794} =$$

44. La Corse.

L'île de Corse n'est française que depuis moins d'un siècle. C'est en 1769 qu'elle devint décidément une annexe inviolable de la grande patrie, et qu'elle vit naître le plus grand génie militaire des temps modernes, Napoléon Ier, dont la gloire a été indignement ternie à Sédan, par son neveu, Napoléon III.

La Corse n'a pas pu dépouiller la physionomie spéciale que tant de siècles lui ont donnée ; elle est italienne, elle est surtout corse et originale : rivages quasi-africains, âpres montagnes, pareilles aux Apennins, productions de l'Italie, population indomptée et magnifique, langage italien, amour de la vengeance, fierté nationale, tels sont les principaux traits de ce grand et curieux caractère.

Ajaccio, ville d'origine grecque, a été fondée par une colonie de Lesbiens. Forcée de s'éloigner de la mer, à cause des brumes malsaines qui s'en exhalent, elle fut rebâtie au penchant des collines, vers 1495, par les Génois, qui l'enrichirent de quelques monuments ; le plus beau est la cathédrale, de style italien, avec coupole et campanile.

Notes et Devoirs.

1. Réciter, en résumé, la leçon entière.

2. Dire par écrit ce qu'on sait sur la Franche-Comté, Besançon, Lons-le-Saulnier et Vesoul.

3. Au point de vue de l'analyse logique, les compléments, comme les propositions, sont *déterminatifs :* les tragédies *de Racine* sont des chefs-d'œuvre ; ou *explicatifs :* le lion, *roi des animaux*, a une allure imposante ; ou *circonstantiels :* l'alouette commence à chanter *dès le lever du soleil*. Les compléments sont aussi *directs* ou *indirects*. Généralement, toute proposition complétive peut être changée en complément et réciproquement : les tragédies que Racine a écrites... le lion, qui est le roi des animaux... dès que le soleil se lève... — Analyser oralement les compléments de la leçon.

4. 15 ouvriers ont fait un travail en 14 jours. En combien de jours le feraient 35 ouvriers (trois simple inverse). = 6 jours.

5. Que rapportent 8,000 fr. en 9 mois, à 4 p. 100 ?

$$\text{Réponse} = \frac{8000 \times 9 \times 4}{1200} = 240 \text{ fr.}$$

Preuve à effectuer en mettant x à la place du capital :

$$\frac{x \times 9 \times 4}{1200} = 240 \text{; donc, capital} = \frac{240 \times 1200}{9 \times 4} = 8000.$$

45. La Savoie et Nice.

La Savoie, jadis comté, puis duché, a longtemps été une des intendances générales des Etats sardes. Elle a été réunie à la France sous le deuxième empire et a formé : la Haute-Savoie, chef-lieu Annecy, et la Savoie, chef-lieu Chambéry.

La Haute-Savoie, qui s'étend sur le bord méridional du lac de Genève, a de beaux pâturages, une agriculture très-florissante, des forêts de sapins, des mines d'antimoine et de fer. Au pied du mont Blanc se trouve *Chamonix*, dans une vallée fameuse par ses merveilles naturelles.

Le département de la Savoie est aussi couvert par une partie des Alpes, et a pour principales richesses les pâturages, les bois et les mines de fer, de plomb et d'argent.

Le département des Alpes-Maritimes, chef-lieu Nice, placé à l'extrémité sud-est de la France, est remarquable par son beau climat et ses aspects riants; il a des pâturages dans l'intérieur, et, sur la côte, des orangers, des grenadiers, des oliviers et des vignes.

Nice, grande ville, sur la Méditerranée, est célèbre par son climat très-doux et sa délicieuse situation. La principauté de Monaco est enclavée dans ce département.

Notes et Devoirs.

1. Résumer par écrit la leçon entière.
2. Dire oralement ce qu'on sait sur la Lorraine et l'Alsace.
3. Analyser le premier aliéna de la leçon oralement en désignant d'abord les diverses espèces de propositions, au moyen des verbes, exprimés ou sous-entendus;

puis les sujets, les attributs et les compléments; et, enfin, le rôle grammatical de chaque mot.

4. A quel taux 4500 fr. rapportent-ils 33 francs en 48 jours?

$$\frac{4500^{f} \times x \times 48^{j}}{4500 \times 48} = 33 \text{ fr.}$$

$$\text{Taux} = \frac{33 \times 36000}{4500 \times 48} = 5^{f}50.$$

5. Preuve de ce problème en mettant x à la place du temps.

$$\frac{4500 \times 5{,}50 \times x}{36000} = 5^{f}50.$$

$$\text{Temps} = \frac{5^{f}50 \times 36000}{4500 \times 5{,}50} = 48^{j}$$

6. Effectuer cette formule où se trouvent les quatre règles :

$$\frac{7 \times 98 + 46 - 73}{37 \times 4 - 6} =$$

---

46. L'Algérie et les Colonies.

L'Algérie, assimilée aujourd'hui au reste de la France pour l'administration civile, forme trois préfectures : Alger, Oran et Constantine.

Alger, bâtie en amphithéâtre sur le penchant d'une colline, au bord de la Méditerrannée, est la capitale de toute la colonie. Les Français s'en emparèrent au commencement de juillet 1830.

Oran possède une double rade et de bonnes fortifications. *Constantine*, sur un rocher au pied duquel coule le Roummel, fut prise en 1837.

La France possède en Afrique, outre l'Algérie, le gouvernement du Sénégal, quelques établissements dans la Guinée supérieure, l'île de la Réunion (autrefois Bourbon), l'île Sainte-Marie, celle de Mayotte et quelques autres petites îles près de Madagascar.

En Asie, elle a Pondichéry, Karikal, Mahé, Chandernagor, Yanaou, dans l'Hindoustan et la Cochinchine.

En Amérique, les colonies françaises sont la Guadeloupe, la Martinique et quelques autres îles de la chaîne des petites Antilles. — La Guyane française, dans l'Amérique du Sud; les petites îles Saint-Pierre et Miquelon, près de Terre-Neuve.

Dans l'Océanie, la France possède les îles Marquises, la Nouvelle-Calédonie, et elle exerce son protectorat sur l'île Taïti et sur quelques petites îles voisines.

Notes et Devoirs.

1. Dicter la leçon en entier.
2. Résumer par écrit ce qu'on sait sur la Corse et Ajaccio.
3. Il y a dans notre langue des locutions appelées *gallicismes*, formes propres à la langue de la Gaule, et qui sont difficiles à analyser grammaticalement. Pour y parvenir, on les remplace par une phrase équivalente, qui ne change pas le sens : C'est là que je restais : *le lieu où je restais est là;* c'est à vous que je parle : *celui auquel je parle est vous;* il est un Dieu : un Dieu existe; il ne fait que sortir : *il sort continuellement,* etc.
4. Quel est le capital qui rapporte 224f10 en 3 ans à 6 pour 100?

$$\frac{x \times 6 \times 3^{\text{ans}}}{100} = 224^{\text{f}}10 \text{ : capital} = \frac{224^{\text{f}}10 \times 10}{6 \times 3} =$$

5. Formule aux quatre règles :

$$\frac{784 \times 49 - 237 + 93}{49 \times 45 - 37} =$$

QUATRIÈME PARTIE

HISTOIRE DU GENRE HUMAIN

1. Huitième Siècle avant J.-C.

Romulus, fondateur et premier roi de Rome vint au monde avec Rémus. Leur mère, Rhéa Sylvia, fut, dit la Fable, enterrée vive par son oncle Amulius, qui fit exposer les deux jumeaux sur le Tibre ; mais le fleuve les laissa à sec et une louve vint les allaiter. Faustulus, berger du roi, les ayant trouvés, les emporta et les fit nourrir par sa femme. Romulus et Rémus, nourris durement avec les bergers et toujours dans les exercices de la guerre, apprirent enfin le secret de leur naissance. Romulus, après avoir tué Amulius, le meurtrier de sa mère, vient jeter les fondements de Rome, au lieu même où les deux frères avaient été exposés (753).

Il fit de sa ville un asile et y reçut une foule d'esclaves et de vagabonds, se rendit maître des Sabins, organisa plus tard son petit Etat, divisa la nation en patriciens et plébéiens, créa un sénat et jeta les fondements de la religion et des lois. Une longue paix permit à Numa, son successeur, d'achever l'ouvrage. Il fonda des temples, créa les colléges des Saliens, donna des lois écrites, régularisa l'armée et s'efforça d'abolir toute distinction entre les Sabins et les Romains (714).

Notes et Devoirs.

1. Copier la leçon en entier.
2. Dire par écrit ce qu'on sait sur la Savoie et Nice.
3. Nous indiquons ici, entre parenthèses, la prononciation de quelques mots étrangers, qui se présentent quelquefois dans certains journaux : Aberdeen (Aberdinn) ; cicerone (tchitchérone) ; Enghien (Engain) ; lady (lédi) ; Liverpool (Liverpoul) ; Shakspeare (Chekspire) ; shall (châle) ; speech (spich) ; spleen (splinn) ; square (scouare) ; Staël (Mme de Stal), steamer (stimeur). — (Voyez notre *Diationnaire de prononciation*).

4. Il a fallu 389^{m}50 de drap ayant 1^{m}45 de largeur pour faire un certain nombre d'habits. Combien faudrait-il de mètres si le drap n'avait que 0^{m}95 de largeur. (Moins il y a de largeur, plus il faut de mètres : trois simple inverse.)

$$\left.\begin{array}{l} 1^m45 = 389,50 \\ 0^m95 = \quad x \end{array}\right\} \frac{389,50 \times 1,45}{0,95} =$$

5. Formule aux quatre règles :

$$\frac{908 \times 49 + 403 - 203}{98 \times 72 \times 3 + 93} =$$

---

2. Septième Siècle avant J.-C.

L'état populaire se formait alors parmi les Athéniens, et ils commencèrent à choisir des archontes (chefs) annuels, dont le premier fut Créon. Dracon, un de ses successeurs, donna des lois criminelles si rigoureuses qu'on les disait écrites avec du sang. Aussi ces lois furent bientôt abolies et remplacées par celles de Solon.

Rome s'accroissait sous *Tullus Hostilius*, son troisième roi, et, par le combat fameux des Horaces et des Curiaces, Albe, la rivale de Rome naissante, fut vaincue et ruinée et ses habitants incorporés à la ville victorieuse. — *Ancus Martius*, son successeur, fit avec succès la guerre à ses voisins, recula jusqu'à la mer les bornes de ses Etats, embellit Rome, creusa le port d'Ostie et construisit le premier pont de bois sur le Tibre. — *Tarquin l'Ancien*, riche seigneur de Tarquinie, vint s'établir à Rome, y acquit la faveur populaire par sa bravoure et sa magnificence, fut nommé par Ancus mourant tuteur de ses deux fils, et se fit proclamer roi lui-même (614). Sous ce prince, Rome fut entourée d'une muraille, les fondements du Capitole furent jetés, et l'on creusa les célèbres égouts souterrains, dont une partie subsiste encore.

Notes et Devoirs.

1. Réciter en résumé la leçon entière.
2. Dire par écrit ce qu'on sait sur l'Algérie et les colonies.
3. *Demi*, placé avant le nom, auquel il est joint par un trait d'union, est toujours invariable : ***on ne gouverne pas une nation avec des demi-mesures***. Placé après le nom,

demi est adjectif et s'accorde : deux heures et *demie* (deux heures et une heure demie). Il en est de même des mots : nu, feu (défunt), ci-inclus, ci-joint.

4. Un homme a économisé 12000 fr. dans 9 ans. Dans combien de temps aura-t-il 50000 fr. d'économie, s'il économise chaque année la même somme ?

$$\left.\begin{array}{l} 12000^{f} = 9^{ans} \\ 50000^{f} = x \end{array}\right\} \frac{9 \times 50000}{12000} = 37^{ans},\ 6^{mois}.$$

Dans la division de ce problème, on trouve 37 ans et un reste de 6000. Pour trouver les mois du quotient, on multiplie ce reste par 12 mois et on trouve 72000, nombre sur lequel on opère comme sur le premier dividende ; s'il y avait encore un reste, on le multiplierait par 30 pour trouver les jours ; le reste suivant par 24, pour trouver les heures ; le reste suivant par 60, pour trouver les minutes, etc., et on trouve ainsi le résultat le plus approximatif.

---

3. Septième Siècle avant J.-C. (*suite*).

Manassès, fils et successeur d'Ezéchias, règne en Juda, bâtit des temples aux idoles, fait scier en deux le prophète Isaïe, qui était venu lui reprocher son impiété, et est amené captif à Babylone par Asar-Addon, fils de Sennacherib, qui vint faire le siége de Jérusalem après avoir réuni le royaume de Babylone à celui de Ninive. Instruit par le malheur, Manassès se repent, recouvre sa liberté et règne encore trente-trois ans, fidèle au vrai Dieu cette fois jusqu'à son dernier soupir.

Les rois d'Assyrie devenaient de plus en plus redoutables à tout l'Orient. Nabuchodonosor Ier passe l'Euphrate et ravage tout jusqu'en Judée. C'est alors qu'Holopherne, son général, vint mettre le siége devant Béthulie, et que la jeune veuve Judith sauva sa patrie par son sublime dévouement.

Vers ce temps, Déjocès, premier roi des Mèdes, bâtit la superbe ville d'Ecbatane et jeta les fondements d'un grand empire. Cyaxare Ier, son petit-fils, subjugue la Perse et pousse ses conquêtes dans l'Asie-Mineure.

Le royaume d'Egypte, affaibli par ses longues divisions, se rétablit sous Psamétique (670) ; et depuis ce temps l'histoire de ce peuple, jusque-là mêlé de fables, commence à avoir de la certitude. Néchao, successeur de Psamétique, vainqueur de Josias, roi de Juda, fut battu par Nabuchodonosor II, qui lui enleva toutes ses conquêtes et emmena les Juifs captifs à Babylone.

Notes et Devoirs

1. Résumer par écrit la leçon en entier.

2. Dire oralement ce qu'on sait sur Romulus Ier, roi de Rome, et Numa, son successeur.

3. *Vingt* et *cent* prennent un *s* au pluriel, lorsqu'il y a plusieurs fois *vingt* ou plusieurs fois *cent*, et que ces adjectifs ne sont suivis d'aucun autre nombre : quatre-*vingts* francs ; quatre-*vingt*-cinq francs ; trois *cents* francs ; trois *cent*-dix francs.

3. Un débiteur ne peut donner que 75 p. 100 à deux créanciers. Il doit au premier 8740f80, au second 9722f40. Combien chacun d'eux recevra-t-il? — Chacun aura les $\frac{75}{100}$ de sa part.

$$1^{er}\ \frac{75^{f} \times 8740{,}80}{100} = \qquad 2^{e}\ \frac{75 \times 9722^{f}40}{100} =$$

4. Escompter à 6 p. 100 un billet de 8060 fr. payable dans un mois et demi ou 45 jours : $= \frac{8060 \times 6 \times 45}{36000}$ $= 60^{f}45$.

Preuve, en mettant x à la place du temps :

$$\frac{8060 \times 6 \times x}{36000} = 60^{f}45 \qquad \text{Temps} = \frac{60^{f}45 \times 36000}{8060 \times 6} =$$

---

4. Sixième Siècle avant J.-C.

Les plus illustres captifs de Babylone furent les prophètes Ezéchiel et Daniel, ainsi que les trois jeunes hommes que Nabuchodonosor ne put forcer à adorer sa statue, et qui furent sauvés des flammes de la fournaise ardente, où ce roi les avait enfermés.

La deuxième année de son règne, ce grand roi eut un songe extraordinaire, que les astrologues du royaume ne purent lui expliquer. Mais Daniel, qui lui en donna l'explication (voy. *Dict. Ed.*, sixième siècle), lui indiqua clairement la succession de quatre grands empires : *Assyrien*, *Perse*, *Grec*, *Romain*, dont nous étudions les progrès et la décadence, et le règne du Christ qui doit survivre à tous les empires du monde.

L'empire Assyrien marche en effet vers sa ruine sous les successeurs de Nabuchodonosor. Balthasar, dernier roi de Babylone, se livre à la mollesse, profane dans un festin les vases sacrés enlevés au temple de Jérusalem, et aperçoit une main mystérieuse, qui écrit ces trois mots : *Manè, Thècel, Pharès.*

Daniel, appelé pour les expliquer, lui apprit sa punition et sa mort.

En effet, dans la nuit même du festin, Cyrus s'introduisit dans Babylone, et Balthasar fut massacré. Ainsi finit l'empire des Assyriens dont parle Daniel.

Notes et Devoirs.

1. Dire la leçon en entier.

2. Dire par écrit ce qu'on sait sur les archontes, sur Tullus Hostilius, Ancus Marcius et Tarquin l'Ancien.

3. *Mille,* adjectif de nombre, est toujours invariable : sur toute la surface de la terre, il naît et meurt *trois mille* personnes par heure. (CHATEAUBRIAND.)

Dans les dates, on écrit *mil :* l'Algérie est française depuis *mil* huit cent trente. — *Mille,* désignant une mesure de chemin, est nom, et prend le signe du pluriel.

4. On appelle *corps* ou *solide,* ce qui a les trois dimensions de l'étendue, c'est-à-dire longueur, largeur et épaisseur. Les corps sont limités par des *surfaces;* les surfaces, par des *lignes;* et les lignes, par des *points.* — Le *dessin linéaire* est l'art de représenter les objets par des lignes.

5. Les mises de trois associés sont 7320 fr., 3500 fr. et 6838 fr. On demande de partager le bénéfice 3540 fr. proportionnellement à leurs mises.

6. Formule aux 4 règles :

$$\frac{73 \times 9 \times 46 - 43}{732 \times 49} =$$

---

5. Sixième Siècle avant J.-C. *(suite).*

Cyrus, fondateur de l'empire des Perses, rendit l'indépendance à son pays, qui était depuis longtemps sous la domination des Mèdes, et son empire devint bientôt le plus vaste de l'Asie.

Après avoir défait le fameux Crésus, roi de Lydie, il vint mettre le siége devant Babylone, où régnait Balthasar. Ce fut sous Cyrus que Daniel fut jeté dans la fosse aux lions, et que les Juifs purent retourner à Jérusalem et rebâtir le temple. Ils partirent au nombre de quarante-trois mille, sous la conduite de Zorobabel, prince de Juda.

Cambyse, son successeur, porta la guerre en Egypte, pour punir le roi Amasis, qui refusait de payer le tribut. Ne pouvant se rendre maître de Péluse, il plaça, dans un dernier assaut, au premier rang de son armée, des chiens, des chats et d'autres animaux que les Egyptiens regardaient comme sacrés; les assiégés rendirent la place plutôt que de s'exposer à blesser ces animaux. Vainqueur de l'Egypte, il tourna ses armes contre la Lybie, et y perdit cinquante mille hommes, qui furent ensevelis sous les sables du désert. En Ethiopie, une horrible famine réduisit ses soldats à manger leurs chevaux et à se dévorer mutuellement. Il allait retourner en Perse lorsqu'il mourut d'une blessure.

Notes et Devoirs.

1. Copier la leçon en entier.
2. Dire par écrit ce qu'on sait sur Manassès, Nabuchodonosor, Déjocès et Psamétique.
3. *Même* est adjectif et variable quand il accompagne un nom ou un pronom. Il est adverbe et invariable quand il modifie un verbe, un adjectif ou un participe : il a même visage, mêmes traits; eux-mêmes. Tout citoyen doit obéir aux lois, mêmes injustes.
4. La ligne est *droite,* si elle trace le plus court chemin d'un point à un autre; elle est *courbe,* si les points dont elle est formée ne sont pas dans la même direction. La ligne droite est *horizontale*, quand elle est dans la direction de l'horizon ou du plan de l'eau dormante; *verticale*, quand elle suit la direction du fil à plomb; *oblique*, quand elle n'est ni horizontale ni verticale.
5. Escompter un billet de 1255 fr. à 6 pour 100, payable dans 24 jours. Réponse : 5f02.

Preuve en mettant x à la place du capital.

---

6. Sixième Siècle avant J.-C. *(suite.)*

Quelque temps avant la destruction de Jérusalem par Nabuchodonosor, Solon, un des sept sages de la Grèce, suivit d'abord la carrière du commerce, voyagea, acquit des richesses et vint vivre dans Athènes.

Ayant repris Salamine et conduit la guerre contre les Mégariens avec grand succès, il fut nommé archonte (593) et reçut l'importante mission de donner des lois nouvelles à la République. (Voyez SOLON et LYCURGUE dans le *Dict. d'Education.*)

Il abolit celles de Dracon et y substitua un code sage, humain, et calma ainsi les troubles violents auxquels l'Etat était en proie depuis quelques années.

Il quitta Athènes après avoir fait prêter serment aux lois nouvelles, et n'y revint qu'au bout de dix ans; mais il trouva ses lois en oubli, et ne put ni désarmer les partis, ni empêcher les Athéniens de se donner pour maître Pisistrate, qui profita des troubles causés par les factions, pour marcher au pouvoir suprême. La tyrannie des Pisistratides, devenue si odieuse dans les derniers temps, contribua beaucoup à donner aux Athéniens cet amour de la liberté qui leur fit faire de si grandes choses.

Notes et Devoirs.

1. Dicter la leçon en entier.
2. Dire par écrit ce qu'on sait sur Daniel et Balthasar.
3. *Tout* est *adjectif* et variable quand il exprime la totalité des personnes et des choses; il est *adverbe* quand il modifie un adjectif, un participe ou un autre adverbe, et signifie alors *toute, tout à fait, entièrement : tous* les hommes sont mortels; *toute* puissance est faible à moins que d'être unie. Dans le Nord, on trouve des loups *tout* blancs ou *tout* noirs; elle est *tout* en sueur.
4. On achète 4730f80 de marchandises, et en payant comptant on profite d'un escompte de 4f75 pour 100 par an. — La marchandise était payable à 6 mois de date. — Quelle somme doit-on donner? — On doit donner 4730f80 moins l'intérêt, à 6 pour 100 pendant 6 mois.

$$4730^{f}80 - \frac{4730{,}80 \times 6^{f} \times 6^{mois}}{1200} =$$

Preuve en mettant x à la place du capital.

---

7. Sixième Siècle avant J.-C.

Du temps de Solon, Servius Tullius, successeur et gendre de Tarquin l'Ancien (578), fit vingt ans la guerre aux Etrusques, les battit fréquemment et rentra trois fois dans Rome en triomphe. Il donna une organisation au peuple de Rome, le divisa en trente cantons ou tribus, à chacune desquelles il donna un tribun et une juridiction, battit monnaie, assigna des terres aux pauvres, agrandit la ville et fixa son enceinte.

Ce roi populaire fut précipité du trône par son gendre, Tarquin le Superbe, qui gouverna en tyran (534). Il abolit les lois favorables au peuple, accabla d'impôts les Romains des dernières classes, fit tuer nombre de sénateurs, et décida seul de la paix ou de la guerre.

Le Capitole, fameux temple, qui formait un carré de deux cents pieds sur chaque face, fut terminé, et au-dessous du Capitole, on renferma, dans un coffre de pierre, les livres sibyllins offerts par la sibylle de Cumes. Tarquin faisait en personne le siége d'Ardée quand l'inconduite de son fils détermina une terrible insurrection à Rome; la royauté fut abolie et remplacée par la république (509).

Notes et Devoirs.

1. Réciter en résumé la leçon entière.

2. Dire par écrit ce qu'on sait sur Cyrus, fondateur de l'empire de Perse, et sur Cambyse, son successeur.

3. *Quelque* est adjectif et variable quand il détermine un nom; il est adverbe et invariable quand il modifie un adjectif. *Quelque*, suivi du verbe *être*, s'écrit en deux mots : *quel*... que; alors *quel* est adjectif et s'accorde avec le sujet du verbe : avez-vous lu *quelques* vieux contes? *Quelque* méchants que soient les hommes, ils aiment la vertu. *Quels que* soient vos besoins, songez qu'il y en a de plus malheureux que vous.

4. Les lignes droites sont entre elles *perpendiculaires*, si, en se rencontrant, elles forment deux ouvertures égales; *obliques*, si elles forment deux ouvertures inégales; *parallèles*, si, placées dans la même direction, elles sont également distantes l'une de l'autre dans tous leurs points. — Tracer sur le tableau toutes les espèces de lignes.

5. Les mises de 4 associés sont : 1840f65, 2390 fr., 7438f45 et 842f85. Le bénéfice est 4890 fr. Quel est la part de chaque associé?

---

8. Cinquième Siècle avant J.-C.

Darius Ier, fils d'Hystaspe, monta sur le trône de Perse après l'interrègne qui suivit la mort de Cambyse et celle d'un usurpateur. Darius réprima d'abord la révolte de Babylone, dont il s'empara par le dévouement de Zopire. Après avoir conquis la Thrace, Darius s'avança ensuite dans la Scythie; mais il y perdit presque toute son armée. — Il résolut ensuite de faire la guerre aux Grecs, qui avaient secouru les Ioniens révoltés contre lui. et envoya dans leur pays une armée considérable, sous les ordres de Datis et d'Artapherne. Mais ces deux généraux furent battus à Marathon, par Miltiade, et perdirent plus de deux cent mille hommes (490).

Xercès Ier, fils et successeur de Darius, après avoir soumis l'Egypte révoltée, reprit le dessein de son père contre la Grèce, et fit, à cet effet, des levées en masse, qu'on porte à trois millions d'hommes. — Arrivé aux Thermopyles, défilé formé par le mont Œta et la côte du golfe Maliaque, et seule entrée de la Grèce du côté de la Thessalie, Xercès y fut un peu arrêté par l'héroïque défense et le sublime dévouement de Léonidas. — Xercès franchit enfin les Thermopyles, incendia Athènes, prit Thèbes et Platée, mais sa flotte fut anéantie par Thémistocle, à Salamine (480). Cimon, fils de Miltiade, chargé du commandement de toutes les forces navales de la Grèce, vainquit l'armée du grand roi à Mycale et à Platée, et mit ainsi fin aux guerres médiques.

Notes et Devoirs.

1. Résumer par écrit la leçon entière.
2. Dire oralement ce qu'on sait sur Solon et Pisistrate.
3. *Dont* s'emploie pour marquer la relation et la descendance ; *d'où* exprime une idée de lieu, de séparation ou de conséquence : l'affaire *dont* je vous ai parlé. Je connais la famille *dont* il est sorti. Retournez au lieu *d'où* vous venez.
4. On a payé chez un banquier 31f95 pour un billet de 2130 fr., payable dans 3 mois. A quel taux ce billet a-t-il été escompté ?

$$\frac{2130 \times x \times 3}{1200} = 31^{f}95 \qquad \text{Taux} = \frac{31^{f}95 \times 1200}{2130 \times 3} = 6^{f}$$

5. Preuve en mettant x à la place du capital

9. Cinquième Siècle avant J.-C. (*suite*).

Les Romains étaient harcelés par les incursions des Véiens. C'est dans cette circonstance que la famille des trois cent six Fabius se dévoua seule à faire cette guerre. Il ne resta de toute cette famille qu'un enfant qui avait été laissé à la maison à cause de son jeune âge. Ce fut lui qui perpétua la famille jusqu'à Fabius le *temporiseur*, dont les sages lenteurs arrêtèrent l'impétuosité d'Annibal.

Le peuple s'étant retiré sur le mont Aventin, parce qu'il ne pouvait supporter les impôts et le service militaire tels qu'ils étaient établis par le Sénat, on lui députa Memenius Agrippa, qui rétablit l'harmonie, en lui adressant l'apologue des membres et de l'estomac.

Les Eques tenaient cernés le consul Minucius et son armée. Cette nouvelle répandit à Rome une telle alarme, que Cincinnatus, l'unique espoir de Rome, fut nommé dictateur, d'un consentement universel. Les députés le trouvèrent labourant un champ au delà du Tibre, et on sait qu'après avoir vaincu l'ennemi et avoir été honoré du triomphe, il retourna à sa charrue (460).

Coriolan, devenu consul, fit vendre chèrement au peuple, durant une grande disette, le blé qu'il avait tiré de la Sicile. Condamné pour ce fait, il se retira chez les Volsques et les souleva contre sa patrie, en marchant à leur tête. Seules, les prières de sa mère purent calmer son ressentiment et le faire renoncer à son entreprise sacrilége.

Notes et Devoirs.

1. Dicter la leçon en entier.
2. Dire par écrit ce qu'on sait sur Servius Tullius et Tarquin le Superbe.
3. Tout verbe à un mode personnel s'accorde en nombre et en personne avec son sujet, qu'il en soit précédé ou suivi. Si le sujet se compose de plusieurs noms ou pronoms au singulier, le verbe se met au pluriel. Si les sujets sont de différentes personnes, le verbe se met au pluriel et à celle des personnes qui a la priorité : vous et moi nous parlerons.
4. Un *angle* est l'écartement de deux lignes qui se coupent. Le point où elles se rencontrent se nomme *sommet*, et les deux lignes sont les *côtés*. L'angle est *droit*, s'il est formé par deux lignes perpendiculaires l'une à l'autre; *aigu*, si l'ouverture est moindre que l'angle droit; et *obtus*, s'il a plus d'ouverture que l'angle droit.
5. Les mises de trois associés sont de **3745 fr.**,

892 fr., et 743 fr., et le bénéfice 1947f80. Trouver la part de chacun.

---

10. Cinquième Siècle avant J.-C. (*fin*).

La rivalité de Sparte et d'Athènes cause une guerre générale dans toute la Grèce; c'est ce qu'on appelle la *guerre du Péloponnèse,* dont les principaux héros ont été Périclès, Alcibiade et Lysandre.

Périclès acquit de bonne heure du renom et de la popularité par son éloquence et ses largesses, et, après une lutte avec Cimon, fils de Miltiade, il resta seul maître d'Athènes (444). Il signala son administration par la construction de beaux édifices, par des fêtes somptueuses, par des gratifications distribuées aux citoyens d'Athènes, par de grands succès au dehors, et par son amour des lettres et des arts. Son siècle a produit le poëte Eschyle, les philosophes Socrate et Pythagore; Hippocrate, le père de la médecine; Hérodote, le père de l'histoire; Phidias, le plus grand statuaire de l'antiquité. (Voy. ces noms au *Dict. d'Educ.*) C'est pourquoi on l'a appelé le *siècle de Périclès.*

Alcibiade est célèbre par la souplesse de son caractère. A Sparte, il vivait en spartiate; en Perse, il étalait tout le luxe d'un satrape. Il suivit d'abord les leçons du sage Socrate, puis il se livra à tous les excès et montra ainsi toutes les vertus et tous les vices.

Lysandre, général spartiate, est surtout célèbre par la victoire navale qu'il remporta sur les Athéniens à Ægos-Potamos et qui mit fin à la guerre du Péloponnèse (405).

Notes et Devoirs

1. Copier la leçon en entier.
2. Dire par écrit ce qu'on sait sur Darius et Xercès.
3. Le participe passé, employé sans auxiliaire s'accorde, comme les adjectifs, en genre et en nombre avec le nom ou le pronom auquel il se rapporte. Une robe *déchirée*. Ma sœur, *frappée* de cette nouvelle, tomba *évanouie*.
4. La plus simple de toutes les surfaces se nomme *triangle;* c'est une figure ayant trois angles et trois côtés. Le triangle est *équilatéral*, si les trois côtés sont égaux (*équi*, égal; *latéral*, côté); *isocèle*, si deux côtés seulement sont égaux; *scalène*, si les trois côtés sont

inégaux; *rectangle*, s'il y a un angle droit. Dessiner les diverses espèces d'angles et de triangles.

5. On achète 4938 kilog. 450 de marchandise à 1f50 le kilog., avec une remise de 6 p. 100 pour l'emballage. Combien doit-on?

6. Formule aux quatre règles.

$$\frac{7947^{f}83 \times 47{,}40 \times 73{,}45}{35 \times 47{,}30 - 47{,}90} =$$

11. Quatrième Siècle avant J.-C.

Cyrus dit le *Jeune*, gouverneur de l'Asie-Mineure, était dévoré du désir de régner lorsque son frère, Artaxercès dit *Mnémon*, monta sur le trône, et s'étant révolté, il marcha contre lui avec une armée de trois cent mille barbares et treize mille Grecs. Mais Artaxercès vint à sa rencontre à la tête de neuf cent mille hommes, et, dans une bataille livrée près de Cunaxa, il le vainquit et le tua de sa propre main. Ce fut alors que Xénophon, qui était au service de Cyrus le Jeune, sauva les Grecs qui étaient à sa solde, par la fameuse retraite dite des *dix mille*. A travers six cents lieues de pays, malgré les déserts et les montagnes, la disette et les attaques continuelles de leurs ennemis, ils arrivèrent en face de Byzance, où ils purent s'embarquer, et rentrèrent enfin dans leur patrie après quinze mois d'absence. Cette marche victorieuse à travers tout l'empire prouvait l'extrême faiblesse des Perses qui marchaient à grands pas vers la décadence.

En effet, Alexandre le Grand envahit tout l'empire, sous Darius Codoman, leur dernier roi. Il lui enleva l'Asie-Mineure, la Syrie, l'Egypte, et, sans s'arrêter à ses propositions de paix, vint lui présenter de nouveau la bataille à Arbelles. Darius, vaincu, s'enfuit dans la Médie, et Bessus, satrape de Bactriane, l'assassina dans la route. Alexandre pleura Darius, et lui fit faire des obsèques magnifiques. C'est ainsi que finit l'empire des Perses et que commença celui des Grecs, sous Alexandre.

Notes et devoirs

1. Résumer par écrit la leçon entière.

2. Dire oralement ce qu'on sait sur les Fabius, Memenius, Agrippa, Cincinnatus et Coriolan.

3. Le participe passé conjugué avec *être* est encore

un véritable adjectif et s'accorde en genre et en nombre avec le sujet : La vertu *est* souvent *opprimée*. — Le participe passé, conjugué avec *avoir*, s'accorde avec son complément direct, si ce complément *le précède* : les lettres *que* je vous ai *écrites*. Mon père a *écrit* une lettre. (Dans ce dernier exemple, le complément direct est *après* le participe, et, dans ce cas, le participe reste invariable.)

3. Un débiteur ne peut donner que 18800 fr. à trois créanciers. Il doit 24000 fr. au premier, 45000 fr. au deuxième et 72000 fr. au troisième. Combien chaque créancier recevra-t-il?

Pour répondre, il n'y a qu'à partager les 18800 fr. proportionnellement aux trois créances, considérées comme mises.

---

12. Quatrième Siècle avant J.-C. (*suite*).

Pendant qu'Athènes gémit sous le gouvernement des trente tyrans, et voit son port détruit et ses fortifications rasées, Sparte, sa rivale, devenue plus puissante, porte ses armes en Asie et favorise l'expédition de Cyrus le Jeune. Cette république domine alors une grande partie de la Grèce ; Thèbes seule lui fait éprouver une vive résistance.

Epaminondas, célèbre général thébain, donna l'exemple de toutes les vertus. S'étant lié avec Pélopidas, il l'aida à chasser de Thèbes les Spartiates, qui s'étaient emparés de la ville par la trahison. Nommé général, il gagna la bataille de Leuctres (371). Quatre fois, il envahit la Laconie, releva Messène, et fonda Mégalopolis en Arcadie, opposant ainsi une barrière à l'ambition de Sparte, contre laquelle il gagna encore la célèbre bataille de Mantinée.

En ce temps, Camille, célèbre général romain, prend la ville de Veies, dont la gloire égalait presque celle de Rome, après dix ans de siége. Un peu après, Brennus, général des Gaulois, vainquit les Romains près de la rivière de l'Allia, marcha sur Rome, livra la ville au pillage et aux flammes et assiégea le Capitole (390). L'insolent Brennus s'écriait : *Malheur aux vaincus!* lorsque Camille vint lui livrer bataille sur les ruines de sa patrie et remporta sur lui une éclatante victoire. Ce siècle a vu naître, outre Alexandre et Démosthène, les philosophes Platon, Aristote et Diogène, dont on trouvera l'histoire dans notre *Dictionnaire d'Education*.

Notes et Devoirs.

1. Réciter en résumé la leçon entière.
2. Dire par écrit ce qu'on sait sur Périclès, Alcibiade et Lysandre.
3. Le participe suivi d'un infinitif rend la dernière règle difficile à appliquer. Tout consiste à constater si le complément direct précède : la dame que j'ai *entendue* chanter. La chanson que j'ai *entendu* chanter. Dans le premier cas, j'ai entendu (que) la dame qui chantait. Dans le deuxième cas, j'ai entendu chanter et quoi? la chanson (que), l'infinitif étant complément direct et étant placé après le participe, celui-ci doit rester invariable. Le *que* (2e cas) qui précède le participe, est complément direct de *chanter* et non de *entendre*.
4. Les surfaces limitées par quatre droites se nomment *quadrilatères*. On en distingue cinq espèces : le *carré*, ayant les côtés égaux et les angles droits; le *rectangle*, ayant les angles droits et les côtés égaux deux à deux; le *parallélogramme*, dont les côtés sont égaux deux à deux, mais dont les angles ne sont pas droits; le *losange*, dont les côtés sont égaux, mais dont les angles ne sont pas droits; le *trapèze*, dont deux côtés seulement sont parallèles sans être égaux. Dessiner ces figures.

---

13. Troisième Siècle avant J.-C.

Après la mort d'Alexandre, son vaste empire fut partagé; tous ses capitaines, nourris dans la guerre sous un si grand conquérant, songèrent à s'en rendre maîtres par les armes; ils immolèrent à leur ambition toute la famille d'Alexandre, son frère, sa mère, ses femmes et ses enfants, et on ne vit que des batailles sanglantes et d'effroyables révolutions.

Au milieu de tant de désordres, plusieurs peuples s'affranchirent et formèrent plusieurs royaumes, tels que celui d'Egypte, fondé par Ptolémée, et celui de Syrie, fondé par Séleucus. Pendant près de deux cents ans, ces deux puissances se disputent la Judée jusqu'à l'arrivée des Romains qui assujettirent tout l'Orient, à l'exception du royaume des Parthes.

La Grèce elle-même était opprimée par les capitaines d'Alexandre. C'est alors que les Achéens formèrent une ligue dans laquelle entrèrent les principales villes du Péloponnèse. Pendant cent trente-huit ans, cette confédération conserva son indépendance et se rendit redoutable, grâce aux talents d'Aratus de Sicyone et de Philopœmen, surnommé le *dernier des Grecs*, qui, au génie militaire, joignaient toutes les vertus civiques.

Notes et Devoirs.

1. Dicter la leçon en entier.

2. Dire par écrit ce qu'on sait sur la Retraite des dix mille et Alexandre le Grand.

3. *Parce que*, en deux mots, veut dire *par la raison que*. *Par ce que*, en trois mots, signifie *par la chose que* : L'homme n'est malheureux que *parce qu'*il est méchant. *Par ce que* l'homme fait, on peut juger de sa bonté. —*Quoique*, en un seul mot, signifie *bien que*; et, en deux mots, il veut dire *quelque chose que* : *quoique* peu riche, il est généreux. *Quoi qu'*il arrive, écoutez-moi. — *Quand* prend un *d* final, s'il signifie *lorsque*. *Quant*, suivi de *a*, prend toujours un *t* et signifie *pour* : *quand* j'aurai fini, je viendrai. *Quant à vous*, je suis sans inquiétude.

4. Pour arpenter un jardin, un champ ou trouver la surface d'un plancher, d'un toit, d'un mur, etc., il suffit de connaître comment on trouve la surface des *triangles* et des quadrilatères; car, toutes les surfaces, moins le cercle, peuvent se réduire en triangles et quadrilatères. Dessiner des figures à 5, 6, 7, 8 côtés., et les partager en triangles ou quadrilatères.

5. Effectuer cette formule aux quatre règles :

$$\frac{3792 \times 796 \times 403}{9743 - 227 + 9037} =$$

---

14. Troisième Siècle avant J.-C. (*suite*).

Du temps de Philopœmen, Fabricius, général romain, se rend célèbre par sa pauvreté et son désintéressement, refuse les présents de Pyrrhus et des Samnites, sur lesquels il remporte plusieurs victoires, et ne laisse même pas de quoi faire les frais de ses funérailles.

La guerre Samnite, qui, de plus en plus terrible, embrasa toute l'Italie, eut pour résultat, malgré les ligues de plusieurs peuples du sud de la presqu'île, malgré la résistance de la ville de Tarente et les armes de Pyrrhus, roi d'Epire, de donner à Rome toute cette région

(266), et fit de cette république une des grandes puissances du monde. C'est pendant ce temps que l'on voit briller de tout leur éclat les vertus guerrières et civiques qui firent la force de Rome.

Après quatre cent quatre-vingts ans de guerre, les Romains, se voyant les maîtres de l'Italie, commencèrent à regarder les affaires du dehors : ils entrèrent en jalousie contre les Carthaginois, trop puissants dans le voisinage, par les conquêtes qu'ils faisaient dans la Sicile.

C'est alors que commencèrent ces trois guerres célèbres connues sous le nom de *guerres Puniques*. Dans la première, qui eut pour résultat la conquête de la Sicile, se distinguèrent Duilius et Régulus ainsi que le célèbre Archimède (Voyez ces trois noms, *Dict. d'Ed.*).

Notes et Devoirs.

1. Copier la leçon en entier.
2. Dire par écrit ce qu'on sait sur Epaminondas, Camille et Brennus.
3. Pour écrire une lettre comme pour tenir une conversation, il faut des *idées*. Les élèves qui auront fait assidûment les exercices écrits de l'Ecole nationale, n'éprouveront aucune difficulté, puisqu'il s'agit d'écrire simplement comme on parle, en supposant toutefois que l'on parle bien.
4. Dans les relations sociales, on est souvent obligé de *consoler*, de *demander*, de *féliciter*, de *raconter*, de *remercier*, etc. Il s'agit donc de remplir ce rôle convenablement.
5. Paul a perdu son père et il reste seul avec sa mère. Lui écrire une lettre de consolation: Partager sa douleur. Ce que c'est que la vie et la mort et l'ordre admirable de la Providence. Paul doit songer à l'éternité des âmes, à consoler sa mère par ses attentions affectueuses et ne pas oublier que tous ici-bas nous avons nos épreuves.
6. Chercher l'intérêt de 735f80 à 6f75 pour 100 pendant 85 jours.

---

15. Troisième Siècle avant J.-C. (*suite*).

Pendant la seconde guerre Punique, Rome pensa périr sous les coups de son redoutable adversaire. Annibal et Scipion l'Africain se sont rendus célèbres dans cette campagne.

Annibal, à qui son père avait fait jurer une haine implacable aux Romains, fut proclamé général en chef de l'armée carthaginoise à l'âge de vingt-cinq ans.

Pensant qu'on ne pouvait vaincre les Romains que dans Rome même, il quitte l'Espagne, franchit les Pyrénées, traverse le Rhône malgré une armée gauloise, perd la moitié de son armée dans le passage des Alpes et tombe inopinément en Italie, où il marche de succès en succès.

Il vainquit, près du Tessin, Scipion, qui, rappelé de l'Espagne, était accouru pour le combattre à la descente des Alpes; Sempronius, vaincu sur les bords de la Trébie, fut rejeté au delà des Apennins; et le printemps suivant, l'armée romaine perdit quinze mille hommes près du lac Trasimène (217).

L'année suivante la bataille s'engagea près de Cannes, en Apulie. Les Romains avaient quatre-vingt-six mille hommes et Annibal cinquante mille seulement; cependant les Romains furent vaincus et perdirent environ soixante mille hommes, avec l'un des consuls, Paul-Emile, qui avait refusé de se sauver.

Notes et Devoirs.

1. Dicter la leçon en entier.
2. Dire par écrit ce qu'on sait sur le partage de l'empire d'Alexandre et là décadence de la Grèce.
3. *Lettre de demande*. On doit exposer l'affaire avec modestie, les causes et les motifs de la demande; ne pas réclamer avec hauteur, ni solliciter avec bassesse et exprimer, par anticipation, toute sa reconnaissance.
4. Ecrire à un ami en le priant de vous prêter une certaine somme.
5. Un père de famille écrit à son ancien ami et le prie de trouver une place pour son jeune fils, qui est disposé à entrer dans une fabrique quelconque.
6. Un élève écrit à son condisciple et l'invite à venir le voir, en lui promettant beaucoup de distractions. (Détails.)
7. La surface du carré s'obtient en multipliant l'un de ses côtés par lui-même; celle du rectangle et du parallélogramme, en multipliant la longueur par la largeur.
8. Combien y a-t-il d'hectares, d'ares et de centiares, 1° dans un champ carré de $730^{m}80$ de côté; 2° un jardin de $98^{m}50$ de long sur $67^{m}65$ de large et combien valent ces deux pièces de terre à 3745 fr. l'hectare?

16. Troisième Siècle avant J.-C. (*fin*).

Si Annibal avait marché droit à Rome après cette victoire, peut-être s'en fût-il rendu maître; mais ses délais laissèrent aux Romains le temps de reprendre courage, et ses troupes, cantonnées en Campanie, s'amollirent dans les délices de Capoue. Marcellus le vainquit deux fois à Nole, et, dès lors, la fortune sembla changer pour lui. Asdrubal, son frère, qui amenait des troupes fraîches, fut battu et tué avant de l'avoir pu rejoindre. Cependant Annibal se maintint encore quatorze ans en Italie, et ne quitta cette contrée que lorsque Scipion eut transporté la guerre en Afrique.

Scipion remporta sur ce grand général une victoire complète à Zama, contraignit Carthage à demander la paix, et mit ainsi fin à cette guerre (202), après avoir reconquis toute l'Espagne et vengé ainsi la mort de son père et de son oncle, qui venaient de périr dans ce pays.

Tant d'exploits valurent à Scipion le surnom d'*Africain*. Au retour d'une guerre en Asie, il fut accusé de trahison devant le peuple, et condamné à l'exil. Il se retira dans sa maison de campagne à Literne, et fit graver cette inscription sur son tombeau : « Ingrate patrie, tu n'auras pas mes os. »

Notes et Devoirs.

1. Réciter, en résumé, la leçon entière.
2. Dire par écrit ce qu'on sait sur la guerre Samnite et les guerres Puniques.
3. Dans les lettres de *réconciliation*, on cherche à excuser celui à qui l'on écrit; sans pourtant trop blâmer l'offense, on rappelle les grands principes de justice et de charité, la noblesse du pardon et le bonheur de la paix.
4. Lettre à son ami pour l'engager à réconcilier tous les enfants d'une famille qui veulent le partage par des moyens violents.
5. Lettre pour réconcilier deux personnes qui ont un procès qu'on peut arrêter.
6. La surface du losange s'obtient en multipliant l'un de ses côtés pris pour base, par la hauteur, c'est-à-dire par la perpendiculaire abaissée sur la base, d'un point du côté opposé. — La surface du trapèze est égale à la

demi-somme des bases parallèles, multipliee par la hauteur.

7. Chercher la surface d'un losange de 48^m50 de base et 39^m80 de hauteur.

8. Chercher la surface d'un trapèze de 25^m98 de hauteur et dont les bases sont de 34^m88 et 17^m65.

$$\text{Trapèze} = \frac{34^m80 + 17^m65}{2} \times 25^m98 =$$

17. Deuxième Siècle avant J.-C.

Dans la première moitié de ce siècle, on voit Rome abattre Carthage. Celle-ci remuait toujours et souffrait avec peine les lois que Scipion l'Africain lui avait imposées. Aussi, Caton finissait tous ses discours par ces mots tristement célèbres : « Et de plus, je pense qu'il faut détruire Carthage. » Scipion Emilien, chargé de cette mission, réduit cette ville en cendres, malgré la bravoure et les efforts inouïs de ses sept cent mille habitants.

C'est l'époque des grandes conquêtes : les Romains s'avancent et se consolident en Espagne, anéantissent la Macédoine et la Grèce, qui deviennent provinces romaines, et refoulent les rois de Syrie presque hors de l'Asie-Mineure. Après avoir abattu Jugurtha, ils s'emparent d'une partie de la Numidie, et Rome est, depuis cette époque, la première puissance du monde.

Mais déjà les germes de ruine commencent à se développer; les vertus qui avaient fait la force de Rome disparaissent; les vices et le luxe prennent leur place.

Les Gracques font de vains efforts pour remédier à tous ces maux, et périssent; mais ils laissent derrière eux un parti populaire, à qui tous les moyens sont bons pour réussir. De là, une lutte permanente entre les plébéiens et les patriciens; de là, ces luttes suprêmes entre Marius et Sylla, Pompée et César, Octave et Antoine.

Notes et Devoirs.

1. Résumer par écrit la leçon en entier.

2. Dire oralement ce qu'on sait sur les premiers succès d'Annibal.

3. Dans les lettres de *récit,* on doit raconter simplement le fait avec des tours vifs et piquants; rechercher

les causes, les conséquences, les avantages, les inconvénients; faire des comparaisons justes, dire le *comment* et le *pourquoi*, et tenir note des circonstances particulières.

4. Lettre à son ami, où on fait l'histoire de sa famille.

5. Lettre d'un fils à son père pour lui raconter les principales circonstances d'un orage qui a tout ravagé.

6. Lettre où l'on raconte à sa famille les détails d'une maladie qu'on a essuyée dans un voyage.

7. Un triangle, étant toujours égal à la moitié d'un parallélogramme de même base et de même hauteur, la surface s'en obtient en multipliant la *base* par la *moitié* de la hauteur.

8. Quelle est la surface d'un champ triangulaire de $73^{m}85$ de base sur $46^{m}80$ de hauteur?

$$\text{Triangle} = \frac{73^{m}85 \times 46^{m}80}{2} =$$

18. Premier Siècle avant J.-C.

Rome ensanglantée par la guerre civile et opprimée tour à tour par Marius et Sylla, César et Pompée (voy. ces noms dans mon *Dictionnaire d'Ed.*), retombe entre les mains de Marc-Antoine, de Lépidus et du jeune Octave, neveu de César, et son fils par adoption.

Octave étudiait en Grèce et n'avait encore que dix-huit ans, lorsque César fut assassiné. Il accourut aussitôt à Rome pour recueillir l'héritage de son père adoptif. Il se réconcilia avec Antoine après une courte lutte, et tous deux formèrent avec Lépidus, un célèbre triumvirat (43). Ils commencèrent par proscrire impitoyablement tous leurs ennemis, à l'instar de Marius et de Sylla; puis ils marchèrent contre les restes du parti républicain, et défirent, à Philippes, Brutus et Cassius, meurtriers de César.

Après avoir ruiné le faible Lépidus, Octave et Antoine se font la guerre ouvertement et se disputent l'empire du monde. Octave l'emporte, et, de retour à Rome, il reçoit le titre d'*Empereur* et d'Auguste.

Il ne se servit de son pouvoir que pour faire des lois sages et pacifier tout l'empire. Virgile et Horace, qu'il attira à sa cour; Ovide et Tite-Live, qu'il admit dans son intimité; Cicéron, qu'Antoine fit assassiner, ont illustré ce siècle qu'on a appelé le *grand siècle d'Auguste*. — Le siècle précédent avait produit Plaute, Térence et Salluste. (Voyez tous ces noms dans mon *Dict. d'Ed.*)

Notes et Devoirs.

1. Dicter la leçon en entier.

2. Dire par écrit ce qu'on sait sur Scipion l'Africain, la destruction de Carthage et les grandes conquêtes des Romains.

3. Dans les lettres de *remerciement*, on doit appuyer sur les idées suivantes : service reçu; circonstances qui l'ont accompagné; générosité de celui qui oblige; sensibilité et reconnaissance de celui qui reçoit.

4. Dans les lettres d'*excuses*, on avoue franchement ses torts, on les pallie sans chercher à mettre le bon droit de son côté; on se montre jaloux de les réparer.

5. Lettre à un ami qu'on avait offensé en contrariant, par voies de fait, un de ses projets, qui aurait été très-avantageux pour lui.

6. Ecrivez à un ami qui vous avait prêté sans billet, ni intérêt, une somme importante, pendant plusieurs mois.

7. Le maître indiquera sur le terrain comment on subdivise en triangles et trapèzes, un champ quelconque, et comment on trouve la surface totale en faisant la somme de toutes les figures partielles.

---

19. Premier Siècle avant J.-C. (*suite*).

« Seul maître de l'empire, Auguste dompte vers les Pyrénées les Asturiens révoltés; l'Ethiopie lui demande la paix; les Parthes épouvantés lui renvoient les étendards pris sur Crassus, avec tous les prisonniers romains; les Indes recherchent son alliance; ses armes se font sentir aux Rhètes, que leurs montagnes ne peuvent défendre; la Pannonie le reconnaît, la Germanie le redoute et Weser reçoit ses lois. Victorieux par mer et par terre, il ferme le temple de Janus. Tout l'univers vit en paix sous sa puissance et Jésus-Christ vient au monde. » (BOSSUET.)

Nous voyons, peu après, la naissance et les progrès du christianisme, la destruction de Jérusalem et la dispersion des Juifs. (Voyez CHRÉTIENS, MARTYRS, PERSÉCUTIONS, EVANGILE, dans le *Dict. d'Ed.*)

La république romaine avait duré quatre cent quatre-vingts ans; l'empire romain devait durer cinq cents ans, mais peu à peu il tombe en décadence et il est envahi par les barbares.

Notes et Devoirs.

1. Dicter en entier la leçon.
2. Dire par écrit ce qu'on sait sur le règne d'Auguste.
3. Dans les lettres de *recommandation*, on doit exposer les titres de la personne qu'on présente; les excuses de l'embarras que l'on donne et remercier par avance du service qu'on attend.
4. Le cœur seul doit dicter les lettres de *famille*, d'*amitié* et de *politesse*.
5. Les *lettres d'affaires* doivent être aussi courtes que possible. Elles exigent la clarté et la précision, une exposition nette et complète, un style simple et sévère.
6. Dans les lettres de *bonne année* ou d'*anniversaires*, on doit parler du passé, du présent et de l'avenir, avec des réflexions sérieuses et en appuyant avec affection et amour sur les souhaits que l'on exprime.
7. Tout l'intérêt d'une *lettre* et d'un *compliment* est tiré des circonstances particulières dans lesquelles on se trouve et des faits personnels. C'est à chacun à se rendre intéressant par les réflexions judicieuses qu'on fait sur sa propre vie.
8. Combien d'ares et d'hectares y a-t-il dans un champ divisé ainsi qu'il suit :

$$\text{Rectangle : } 738^{m}85 \times 49^{m}53 =$$

$$\text{Triangle : } \frac{93^{m}46 \times 38{,}49}{2} =$$

$$\text{Trapèze : } \frac{78{,}26 + 43{,}80}{2} \times 19^{m}27 =$$

Total = ____________

---

20. Décadence de l'Empire Romain.

Des adoptions successives donnent pour successeurs à Auguste des princes qui sont tous funestes ou odieux : *Tibère*, *Caligula*, *Néron*; la dynastie de César tombe avec le cruel Néron, et trois usurpateurs, *Galba*, *Othon*, *Vitellius* préparent le règne de la dynastie flavienne, *Vespasien*, *Vitus*, *Domitien* (premier siècle après Jésus-Christ).

Cinq princes, dignes de règner : *Nerva*, *Trajan*, *Adrien*, *Antonin*, *Marc-Aurèle*, montent successivement sur le trône; et Trajan se rend célèbre par de brillantes et utiles conquêtes. (Deuxième siècle.)

L'empire, mis à l'encan par l'armée, s'épuise et tombe en décadence pendant l'époque de l'anarchie militaire, et il est un peu restauré sous *Aurélien*, *Tacite*, *Probus*, etc. (Troisième siècle.)

Dioclétien crée deux *Augustes* et deux *Césars* pour mieux résister aux barbares. Sous Constantin, le christianisme, après trois cents ans de luttes sanglantes, devient religion impériale (quatrième siècle).

L'empire romain est partagé définitivement en empire d'*Orient* et en empire d'*Occident*. Alaric, roi des Visigoths, passe en Italie; les Vandales passent en Afrique; les Alains et les Suèves, en Espagne; les Francs et les Burgundes en Gaule, et les Saxons en Britanie. C'est ainsi que, sous les ruines de l'empire romain, s'établirent les plus grandes nations européennes.

Ces premiers siècles de notre ère ont cependant eu leurs penseurs : Perse, Pline, Sénèque et Plutarque (premier siècle); Epictète, Marc-Aurèle, Tacite et Suétone (deuxième siècle); Longin (troisième siècle); Julien l'Apostat et le poëte Clodien (quatrième siècle). (Voyez ces noms dans le *Dictionnaire d'Ed.*).

Dans le volume suivant, nous continuerons l'histoire du genre humain par le règne de *Clovis*, véritable fondateur de la nation française (cinquième siècle après Jésus-Christ).

Notes et Devoirs.

1. Réciter en entier la leçon.
2. Dire par écrit ce qu'on sait sur les Assyriens, les Perses, les Grecs et les Romains. (Voyez sixième siècle, *Dict. d'Ed.*).
3. Les élèves réciteront, pendant le premier semestre, un morceau de poésie tous les quinze jours. Le deuxième semestre, ils repasseront ces mêmes morceaux, de façon à les savoir réciter, au choix, à la veille des vacances. Ce travail doit être fait en sus des devoirs ordinaires et les élèves doivent se tenir toujours prêts sans autre avertissement.

CINQUIÈME PARTIE

LA POÉSIE DU CŒUR

1. La Prière.

Salut, principe et fin de toi-même et du monde,
Toi qui rends d'un regard l'immensité féconde,
Ame de l'univers, Dieu, père, créateur,
Sous tous ces noms divers, je crois en toi, Seigneur.
Et, sans avoir besoin d'entendre ta parole,
Je lis au front des cieux ton glorieux symbole,
L'étendue, à mes yeux, révèle ta grandeur,
La terre ta bonté, les astres ta splendeur,
Tu t'es produit toi-même en ton brillant ouvrage,
L'univers, tout entier, réfléchit ton image,
Et mon âme, à son tour, réfléchit l'univers,
Ma pensée, embrassant tes attributs divers,
Partout, autour de toi, te découvre et t'adore,
Se contemple soi-même et t'y découvre encore,
Ainsi, l'astre du jour éclata dans les cieux,
Se réfléchit dans l'onde et se peint à mes yeux.
. . . . , ...
Et quand la nuit, guidant son cortége d'étoiles,
Sur le monde endormi, jette ses sombres voiles,
Seul, au sein du désert et de l'obscurité,
Méditant, de la nuit, la douce majesté.
Enveloppé de calme, et d'ombre et de silence,
Mon âme, de plus près, adore ta pésence,
D'un jour intérieur je me sens éclairer,
Et j'entends une voix qui me dit d'espérer.

(LAMARTINE, *Méditations poétiques.*)

2. La Vie humaine.

Je me suis fait du sort humain,
Une peinture trop fidèle ;
Souvent dans les champêtres lieux,
Ce portrait frappera vos yeux.

En promenant vos rêveries,
Dans le silence des prairies,
Vous voyez un faible rameau
Qui, par les jeux du vague Eole,
Enlevé de quelque arbrisseau,
Quitte sa tige, tombe et vole
Sur la surface du ruisseau;
Là, par une invincible pente,
Forcé d'errer et de changer;
Il flotte au gré de l'onde errante,
Et d'un mouvement étranger.
Souvent il paraît, il surnage,
Souvent il est au foud des eaux,
Il rencontre sur son passage,
Tous les jours, des pays nouveaux,
Tantôt un fertile rivage.
Bordé de coteaux fortunés,
Tantôt une rive sauvage
Et des déserts abandonnés.
Parmi ces erreurs continues
Il fuit, il vogue jusqu'au jour
Qui l'ensevelit à son tour,
Au sein de ces mers inconnues
Où tout s'abîme sans retour.

(GRESSET, *La Chartreuse*.

3. L'Avantage de la Science.

Entre deux bourgeois d'une ville,
S'émut jadis un différend :
L'un était pauvre, mais habile,
L'autre riche, mais ignorant.
Celui-ci, sur son concurrent,
Voulait emporter l'avantage;
Prétendait que tout homme sage
Etait tenu de l'honorer.
C'était tout homme sot : car pourquoi révérer
Des biens dépourvus de mérite ?
La raison m'en semble petite.
« Mon ami, disait-il souvent,
Au savant,
Vous vous croyez considérable :
Mais, dites-moi, tenez-vous table ;
Que sert, à vos pareils, de lire incessamment ?
Ils sont toujours logés à troisième chambre,
Vêtus au mois de juin comme au mois de décembre,
Ayant pour tout laquais leur ombre seulement.

La république a bien affaire
De gens qui ne dépensent rien!
Je ne sais d'homme nécessaire
Que celui dont le luxe épand beaucoup de bien,
Nous en usons, Dieu sait! notre plaisir occupe
L'artisan, le vendeur, celui qui fait la jupe
Et celle qui la porte, et vous qui dédiez
A Messieurs les gens de finance
De méchants livres bien payés. »
Ces mots remplis d'impertinence
Eurent le sort qu'ils méritaient;
L'homme lettré se tut; il avait trop à dire,
La guerre le vengea bien mieux qu'une satire,
Mars détruisit le lieu que nos gens habitaient,
L'un et l'autre quitta la ville,
L'ignorant resta sans asile :
Il reçut partout des mépris;
L'autre reçut partout quelque faveur nouvelle,
Cela décida leur querelle.
Laissez dire les sot : le savoir a son prix.

(La Fontaine, liv. viii, fab. 10.)

4. Souvenez-vous de moi.

Qu'avec plaisir, ô fleur pâle et charmante,
Je te retrouve dans ces lieux!
Plus que l'éclat de la rose naissante,
Ton faible azur plaît à mes yeux.
Pour embellir un dernier jour d'automne,
Le printemps te laisse après soi.
J'aime ce nom, ce doux nom qu'on te donne :
Souvenez-vous de moi!

Mon œil distrait, errant dans la prairie,
T'a reconnue avec transport.
Suis-moi, rappelle à mon âme attendrie
Les moments passés sur ce bord.
Mais non, fleuris et meurs sur ce rivage;
J'y voudrais mourir près de toi,
Je pars.... Vous tous dont j'emporte l'image,
Souvenez-vous de moi!

Toi que j'ai vue au fond du noir abîme,
Auprès de l'antre du torrent;
Du vieux rocher, toi qui pares la cîme
Et les murs du saint monument;

Si l'on revient visiter l'ermitage,
Qu'un doux regard tombe sur toi!
Vous qui ferez le saint pèlerinage,
Souvenez-vous de moi!

Ma voix s'éteint, mon luth que j'abandonne,
Exhale ses derniers accords.
Roseau brisé, jouet des vents d'automne,
Ils m'entraînent sur d'autres bords.
Près de revoir le monde et ses orages,
Mon cœur frémit d'un vague espoir,
Ah! sans retour si je fuis ces rivages,
Souvenez-vous de moi!

(PAULINE FLAUGERGUES.)

---

5. La Fille de Jephté.

La nuit même, à l'instant où dans les cœurs mortels
Le sommeil a versé l'oubli des maux cruels,
Seule, veille et s'afflige une vierge éplorée;
Seule, au fond du désert, triste, pâle, égarée,
De sa voix gémissante, à l'écho des forêts,
Elle conte en ces mots sa peine et ses regrets:
« La jeune vigne en paix boit les pleurs de l'aurore;
» Le palmier verdoyant ne craint point de périr;
» La fleur même vivra plus d'un matin encore,
» Et moi, je vais mourir!

» Mes compagnes un jour, au nom sacré de mère,
» En secret tressaillant d'orgueil et de plaisir,
» Verront sourire un fils aussi beau que son père,
» Et moi, je vais mourir!

» Aux auteurs de leurs jours prodiguant leur tendresse,
» Sous le fardeau des ans s'ils viennent à fléchir,
» Elles seront l'appui de leur faible vieillesse,
» Et moi, je vais mourir!

» Toi qui des cieux entends une vierge plaintive,
» Vois les pleurs de mon père, et daigne les tarir;
» Donne-lui tous les jours dont ta rigueur me prive,
» Et je saurai mourir. »

(C.-L. MOLLELAUL),
Académicien.

Le temps qui change tout change aussi nos humeurs ;
Chaque âge a ses plaisirs, son esprit et ses mœurs.
Un jeune homme, toujours bouillant en ses caprices,
Est prompt à recevoir l'impression des vices,
Est vain dans ses discours, volage en ses désirs,
Rétif à la censure, et fou dans les plaisirs.
L'âge viril, plus mûr, inspire un air plus sage,
Se pousse auprès des grands, s'intrigue et se ménage,
Contre les coups du sort songe à se maintenir,
Et loin dans le présent regarde l'avenir.
La vieillesse chagrine incessamment amasse,
Garde, non pas pour soi, les trésors qu'elle entasse,
Marche en tous ses desseins d'un pas lent et glacé,
Toujours plaint le présent et vante le passé;
Inhabile aux plaisirs dont la jeunesse abuse,
Blâme en eux les douceurs que l'âge lui refuse.

(Boileau.)

---

6. Le Voyageur égaré dans les Neiges du Saint-Bernard.

La neige au loin accumulée
En torrents épaissis tombe du haut des airs,
Et sans relâche amoncelée
Couvre du Saint-Bernard les vieux sommets déserts.

Plus de routes, tout est barrière ;
L'ombre accourt, et déjà, pour la dernière fois,
Sur la cîme inhospitalière,
Dans les vents de la nuit l'aigle a jeté sa voix.

A ce cri d'effroyable augure,
Le voyageur transi n'ose plus faire un pas;
Mourant et vaincu de froidure,
Au bord d'un précipice il attend le trépas.

Là, dans sa dernière pensée,
Il songe a son épouse, il songe à ses enfants :
Sur sa couche affreuse et glacée
Cette image a doublé l'horreur de ses tourments.

C'en est fait; son heure dernière
Se mesure pour lui dans ces terribles lieux,
Et chargeant sa froide paupière,
Un funeste sommeil déjà cherche ses yeux.

Soudain, ô surprise! ô merveille!
D'une cloche il a cru reconnaître le bruit;
Le bruit augmente à son oreille;
Une clarté subite a brillé dans la nuit.

Tandis qu'avec peine il écoute,
A travers la tempête un autre bruit s'entend;
Un chien jappe et s'ouvrant la route,
Suivi d'un solitaire, approche au même instant.

Le chien, en aboyant de joie,
Frappe du voyageur les regards éperdus;
La mort laisse échapper sa proie,
Et la charité compte un miracle de plus.

(Chênedollé, *Études poétiques.*)

7. La Retraite.

Heureux qui, du monde oublié,
Cultive sans inquiétude,
Et les beaux arts et l'amitié!
Heureux qui, dans la solitude,
De la vérité seule épris,
Cherche en des livres favoris,
Le plaisir et non plus l'étude!
Dans la jeunesse, où l'avenir
Nous découvre une mer immense,
L'homme entend la voix du zéphyr,
Et s'embarque avec l'espérance.
Mais bientôt l'imprudent nocher
Est froissé par un long orage;
Contre les pointes d'un rocher
Son vaisseau heurte et fait naufrage.
Lui-même il se sauve à la nage.

. . . .

Vainement le zéphyr trompeur
Lui renouvelle ses caresses,
Il fuit la mer et ses promesses;
Les fleuves mêmes lui font peur.
Il n'ira pas au sein des villes,
Portant des yeux désenchantés,
Abjurer ses plaisirs tranquilles
Pour de bruyantes voluptés.
Moins passionné, plus sensible,
Il ne veut que l'ombre et le frais,
Que le silence des forêts,
Que le bruit d'un ruisseau paisible.

Là, quand de ses derniers rayons
Le soleil a rougi les monts,
Sous les saules de la prairie
Il voit les danses du hameau ;
Les sons lointains du chalumeau
Bercent sa douce rêverie ;
Et comme l'onde du ruisseau,
Il regarde couler sa vie.

(M.-J. Chénier.

8. Les Oiseaux.

L'hiver redoublant ses ravages,
Désole nos toits et nos champs ;
Les oiseaux sur d'autres rivages
Portent leurs amours et leurs chants.
Mais le calme d'un autre asile
Ne les rendra pas inconstants ;
Les oiseaux que l'hiver exile
Reviendront avec le printemps.

A l'exil, le sort les condamne,
Et plus qu'eux nous en gémissons !
Du palais et de la cabane
L'écho redisait leurs chansons.
Qu'ils aillent d'un bord plus tranquille.
Charmer les heureux habitants.
Les oiseaux que l'hiver exile
Reviendront avec le printemps.

Oiseaux fixés sur cette plage,
Nous portons envie à leur sort !
Déjà plus d'un sombre nuage
S'élève et gronde au fond du nord.
Heureux qui sur une aile agile
Peut s'éloigner quelques instants !
Les oiseaux que l'hiver exile
Reviendront avec le printemps.

Ils penseront à notre peine
Et, l'orage enfin dissipé,
Ils reviendront sur le vieux chêne
Que tant de fois il a frappé.
Pour prédire au vallon fertile
De beaux jours alors plus constants,
Les oiseaux que l'hiver exile
Reviendront avec le printemps.

(Béranger.)

9. Le Retour dans la Patrie.

Qu'il va lentement le navire
A qui j'ai confié mon sort!
Au rivage mon cœur aspire,
Qu'il est lent à trouver un port!
France adorée,
Douce contrée,
Mes yeux cent fois ont cru te découvrir.
Qu'un vent rapide
Soudain nous guide
Aux bords sacrés où je reviens mourir.
..... Salut à ma patrie! *(bis.)*

Oui, voilà les rives de France;
Oui, voilà le port vaste et sûr,
Voisin des champs où mon enfance
S'écoula sous un chaume obscur.
France adorée,
Douce contrée!
Après vingt ans, enfin, je te revois
De mon village,
Je vois la plage,
Je vois fumer la cime de nos toits.
..... Salut à ma patrie! *(bis.)*

Au bruit des transports d'allégresse,
Enfin le navire entre au port.
Dans cette barque où l'on se presse,
Hâtons-nous d'atteindre le bord.
France adorée,
Douce contrée!
Puissent tes fils te revoir ainsi tous!
Enfin j'arrive
Et sur la rive
Je rends au ciel, je rends grâce à genoux.
..... Salut à ma patrie! *(bis.)*

(BÉRANGER.)

10. La Marseillaise de la Paix.

J'ai vu la Paix descendre sur la terre,
Semant de l'or, des fleurs et des épis;
L'air était calme, et du dieu de la guerre
Elle étouffait les foudres assoupis.

« Ah! disait-elle, égaux par la vaillance,
» Français, Anglais, Belge, Russe ou Germain,
» Peuples, formez une sainte alliance
» Et donnez-vous la main.

» Pauvres mortels, tant de haine vous lasse;
» Vous ne goûtez qu'un pénible sommeil.
» D'un globe étroit divisez mieux l'espace :
» Chacun de vous aura place au soleil.
» Tous, attelés au char de la puissance,
» Du vrai bonheur vous quittez le chemin.
» Peuples, formez une sainte alliance,
» Et donnez-vous la main.

» Chez vos voisins vous portez l'incendie;
» L'aquilon souffle, et vos toits sont brûlés;
» Et quand la terre est enfin refroidie,
» Le sol languit sous des bras mutilés.
» Près de la borne où chaque Etat commence,
» Aucun épi n'est pur du sang humain.
» Peuples, formez une sainte alliance,
» Et donnez-vous la main.

» Que Mars en vain n'arrête point sa course;
» Fondez des lois dans vos pays souffrants;
» De votre sang ne livrez plus la source
» Aux rois ingrats, aux vastes conquérants.
» Des astres faux conjurez l'influence;
» Effroi d'un jour, ils pâliront demain.
» Peuples, formez une sainte alliance,
» Et donnez-vous la main. »

(Béranger.)

---

11. Les Enfants de la France.

Reine du monde, ô France, ô ma patrie,
Soulève enfin ton front cicatrisé;
Sans qu'à tes yeux leur gloire en soit flétrie,
De tes enfants l'étendard s'est brisé.
Quand la fortune outrageait leur vaillance,
Quand de tes mains tombait ton sceptre d'or,
Tes ennemis disaient encor :
« Honneur aux enfants de la France. »

De tes grandeurs, tu sus te faire absoudre,
France, et ton nom triomphe des revers.
Tu peux tomber, mais c'est comme la foudre,
Qui se relève et gronde au haut des airs.
Le Rhin, aux bords ravis à ta puissance,
Porte à regret le tribut de ses eaux.
Il crie au fond de ses roseaux :
« Honneur aux enfants de la France! »

. . . .

Relève-toi, France, reine du monde,
Tu vas cueillir tes lauriers les plus beaux.
Oui, d'âge en âge, une plume féconde,
Doit de tes fils protéger les tombeaux.
Que près du mien, telle est mon espérance,
Pour la patrie, admirant mon amour,
Le voyageur s'écrie un jour :
« Honneur aux enfants de la France! »

(BÉRANGER.)

Ce qui reste du célèbre Béranger, ce n'est ni son opposition bonapartiste, ni son opposition orléaniste, mais l'homme de la raison humaine et de la charité populaire. On a enseveli avec lui les passions de la jeunesse, mais non pas sa vertu publique : elle percera les pierres de son tombeau et elle refleurira tant qu'il y aura une âme du peuple en France pour la recueillir.

(LAMARTINE.)

12. Le Drapeau tricolore.

Il est caché sous l'humble paille
Où je dors pauvre et mutilé,
Lui qui, sûr de vaincre, a volé
Vingt ans de bataille en bataille!
Chargé de lauriers et de fleurs,
Il brilla sur l'Europe entière.
Quand secouerai-je la poussière
Qui ternit ses nobles couleurs?

Ce drapeau payait à la France,
Tout le sang qu'il nous a coûté;
Sur le sein de la Liberté
Nos fils jouaient avec sa lance.
Qu'il prouve encore aux oppresseurs
Combien la gloire est roturière.
Quand secouerai-je la poussière
Qui ternit ses nobles couleurs?

Las d'errer avec la Victoire,
Des lois il deviendra l'appui.
Chaque soldat fut, grâce à lui,
Citoyen aux bords de la Loire.
Seul il put voiler nos malheurs :
Déployons-le sur la frontière.
Quand secouerai-je la poussière
Qui ternit ses nobles couleurs?

Mais il est là, près de mes armes :
Un instant osons l'entrevoir.
Viens mon drapeau! viens mon espoir!
C'est à toi d'essuyer mes larmes.
D'un guerrier qui verse des pleurs
Le ciel entendra la prière.
Oui, je secouerai la poussière
Qui ternit tes nobles couleurs!

(BÉRANGER.)

---

13. Puissance de Dieu.

(Mardochée à Esther.)

Quoi! lorsque vous voyez périr votre patrie,
Pour quelque chose, Esther, vous comptez votre vie!
... Songez-y bien : ce Dieu ne vous a point choisie
Pour être un vain spectacle aux peuples de l'Asie,
Ni pour charmer les yeux des profanes humains;
Pour un plus noble usage il réserve ses saints.
S'immoler pour son nom et pour son héritage,
D'un enfant d'Israël voilà le vrai partage.
Trop heureuse pour lui de hasarder vos jours!
Et quel besoin son bras a-t-il de nos secours.
Que peuvent contre lui tous les rois de la terre?
En vain ils s'uniraient pour lui faire la guerre :
Pour dissiper leur ligue il n'y a qu'à se montrer;
Il parle, et dans la poudre il les fait tous rentrer
Au seul son de sa voix la mer fuit, le ciel tremble :
Il voit comme un néant tout l'univers ensemble,
Et les faibles mortels, vains jouets du trépas,
Sont tous devant ses yeux comme s'ils n'étaient pas.

(J. RACINE, *Esther*.)

Levons les yeux vers la colline
Où luit l'étoile du matin,
Saluons la splendeur divine
Qui se lève dans le lointain.
Cette clarté pure et féconde,
Aux yeux de l'âme éclaire un monde
Où la foi monte sans effort.
D'un saint espoir ton cœur palpite;
Ami, pour y voler plus vite,
Prenons les ailes de la mort.
En vain, dans ce désert aride,
Sous nos pas tout s'est effacé.
Viens : où l'éternité réside,
On retrouve jusqu'au passé.
Là sont nos rêves pleins de charmes
Et nos adieux trempés de larmes
Nos vœux et nos soupirs perdus.
Là refleuriront nos jeunesses;
Et les objets de nos tristesses
A nos regrets seront rendus.

(LAMARTINE, *Méditations*.)

---

14. L'Origine des fleuves.

La mer, dont le soleil attire les vapeurs,
Par ces eaux qu'elle perd voit une mer nouvelle
Se former, s'élever et s'étendre sur elle
De nuages légers, cet amas précieux,
Que dispersent au loin les vents officieux;
Tantôt féconde pluie, arrose nos campagnes,
Tantôt retombe en neige et blanchit nos montagnes.
Sur ces rocs sourcilleux, de frimas couronnés,
Réservoirs des trésors qui nous sont destinés,
Les flots de l'Océan apportés goutte à goutte
Réunissent leur force et s'ouvrent une route.
Jusqu'au fond de leur sein lentement répandus,
Dans leurs veines errants, à leurs pieds descendus,
On les en voit enfin sortir à pas timides,
D'abord faibles ruisseaux, bientôt fleuves rapides.
Des racines des monts qu'Annibal sut franchir,
Indolent Ferrarais, le Pô va t'enrichir;
Impétueux enfant de cette longue chaîne,
Le Rhône suit vers nous le torrent qui l'entraîne,

Et son frère [1], emporté par un contraire choix,
Sorti du même sein, va chercher d'autres lois.
Mais enfin terminant leurs courses vagabondes,
Leur antique séjour redemande leurs ondes.
Ils les rendent aux mers; le soleil les reprend.
Sur les monts, dans les champs, l'aquilon nous les rend.
Telle est de l'univers la constante harmonie,
De son empire heureux la discorde est bannie,
Tout conspire pour nous, les montagnes, les mers,
L'astre brillant du jour, les fiers tyrans des airs.

(Racine fils, *la Religion.*)

15. Le Château de Cartes.

Un bon mari, sa femme et deux jolis enfants
Coulaient en paix leurs jours dans le simple ermitage,
Où paisibles comme eux, vécurent leurs parents.
Ces époux partageant les doux soins du ménage,
Cultivaient leur jardin, recueillaient leurs moissons;
Et le soir, dans l'été, soupant sous le feuillage,
    Dans l'hiver devant les tisons,
Ils prêchaient à leurs fils la vertu, la sagesse,
Leur parlaient du bonheur qu'ils procurent toujours;
Le père par un conte égayait ses discours,
    La mère, par une caresse.
L'aîné de ces enfants, né grave, studieux,
    Lisait et méditait sans cesse;
Le cadet, vif, léger, mais plein de gentillesse,
Sautait, riait toujours, ne se plaisait qu'aux jeux.
Un soir, selon l'usage, à côté de leur père,
Assis près d'une table où s'appuyait la mère,
L'aîné lisait Rollin : le cadet, peu soigneux,
D'apprendre les hauts faits des Romains et des Parthes,
Employait tout son art, toutes ses facultés,
A joindre, à soutenir, par les quatre côtés,
    Un fragile château de cartes.
Il n'en respirait pas d'attention, de peur.
    Tout à coup voici le lecteur
Qui s'interrompt : « Papa, dit-il, daignez m'instruire
» Pourquoi certains guerriers sont nommés conquérants
    » Et d'autres fondateurs d'empires :
    » Ces deux noms sont-ils différents? »

(1) Le Rhin.

Le père méditait une réponse sage
Lorsque son fils cadet, transporté de plaisir,
Après tant de travail, d'avoir pu parvenir
A placer son second étage,
S'écrie : « Il est fini ! » Son frère murmurant,
Se fâche, et d'un seul coup détruit son long ouvrage ;
Et voilà le cadet pleurant.
« Mon fils, répond alors le père,
» Le fondateur, c'est votre frère,
» Et vous êtes le conquérant. »

(FLORIAN, *Fables.*)

16. Les Embarras de Paris.

Qui frappe l'air, bon Dieu, de ces lugubres cris ?
Est-ce donc pour veiller qu'on se couche à Paris ?
Et quel fâcheux démon, durant les nuits entières,
Rassemble ici les chats de toutes les gouttières !
J'ai beau sauter du lit, plein de trouble et d'effroi,
Je pense, qu'avec eux tout l'enfer est chez moi :
L'un miaule en grondant comme un tigre en furie ;
L'autre roule sa voix comme un enfant qui crie.
. . . .
Tout conspire à la fois pour troubler mon repos
Et je me plains, ici, du moindre de mes maux ;
Car, à peine les coqs commençant leur ramage,
Auront, de cris aigus, frappé le voisinage,
Qu'un affreux serrurier, laborieux Vulcain,
Qu'éveillera bientôt l'ardente soif du gain;
Avec un fer maudit, qu'à grand bruit il apprête,
De cent coups de marteaux me va fendre la tête.
J'entends déjà partout les charettes courir,
Les maçons travailler, les boutiques s'ouvrir ;
Tandis que dans les airs mille cloches émues,
D'un funèbre concert font retentir les nues,
Et, se mêlant au bruit de la grêle et du vent
Pour honorer les morts font mourir les vivants.
. . . .
En quelque endroit que j'aille il faut fendre la presse,
D'un peuple d'importuns qui fourmille sans cesse,
L'un me heurte d'un ais dont je suis tout froissé;
Je vois, d'un autre coup mon chapeau renversé.
. . . .
Ne sachant plus tantôt à quel saint me vouer,
Je me mets au hasard de me faire rouer ;

Je saute vingt ruisseaux, j'esquive, je me pousse ;
Guénaud, sur son cheval, en passant m'éclabousse ;
Et n'osant plus paraître en l'état où je suis,
Sans songer où je vais, je me sauve où je puis.

(BOILEAU, *Satire* VI.)

---

17. Le Misanthrope.

Non, je ne puis souffrir cette lâche méthode
Qu'affectent la plupart de vos gens à la mode ;
Et je ne hais rien tant que les contorsions
De tous ces grands faiseurs de protestations,
Ces affables donneurs d'embrassades frivoles,
Ces obligeants diseurs d'inutiles paroles,
Qui, de civilités, avec tous font combat
Et traitent du même air l'honnête homme et le fat.
... Non, vous dis-je, on devrait châtier sans pitié
Ce commerce honteux de semblants d'amitié.
Je veux que l'on soit homme, et dans toute rencontre
Le fond de notre cœur dans nos discours se montre,
Que ce soit lui qui parle, et que nos sentiments
Ne se masquent jamais sous de vains compliments.
. . . .
J'entre en une humeur noire, en un chagrin profond,
Quand je vois vivre entre eux les hommes comme il font.
Je ne trouve partout que lâche flatterie,
Qu'injustice, intérêt, trahison, fourberie ;
Je n'y puis plus tenir, j'enrage, et mon dessein
Est de rompre en visière avec le genre humain.
. . . .
Ma haine est générale, et je hais tous les hommes,
Les uns, parce qu'ils sont méchants et malfaisants,
Et les autres, pour être aux méchants complaisants,
Et n'avoir pas pour eux ces haines vigoureuses,
Que doit donner le vice aux âmes vertueuses.
. . . .
Tête bleu ! ce me sont de mortelles blessures
De voir qu'avec le vice on garde des mesures,
Et parfois il me prend des mouvements soudains
De fuir dans un désert l'approche des humains.

(MOLIÈRE, *le Misanthrope*, acte I, scène I.)

FIN DU DEUXIÈME VOLUME.

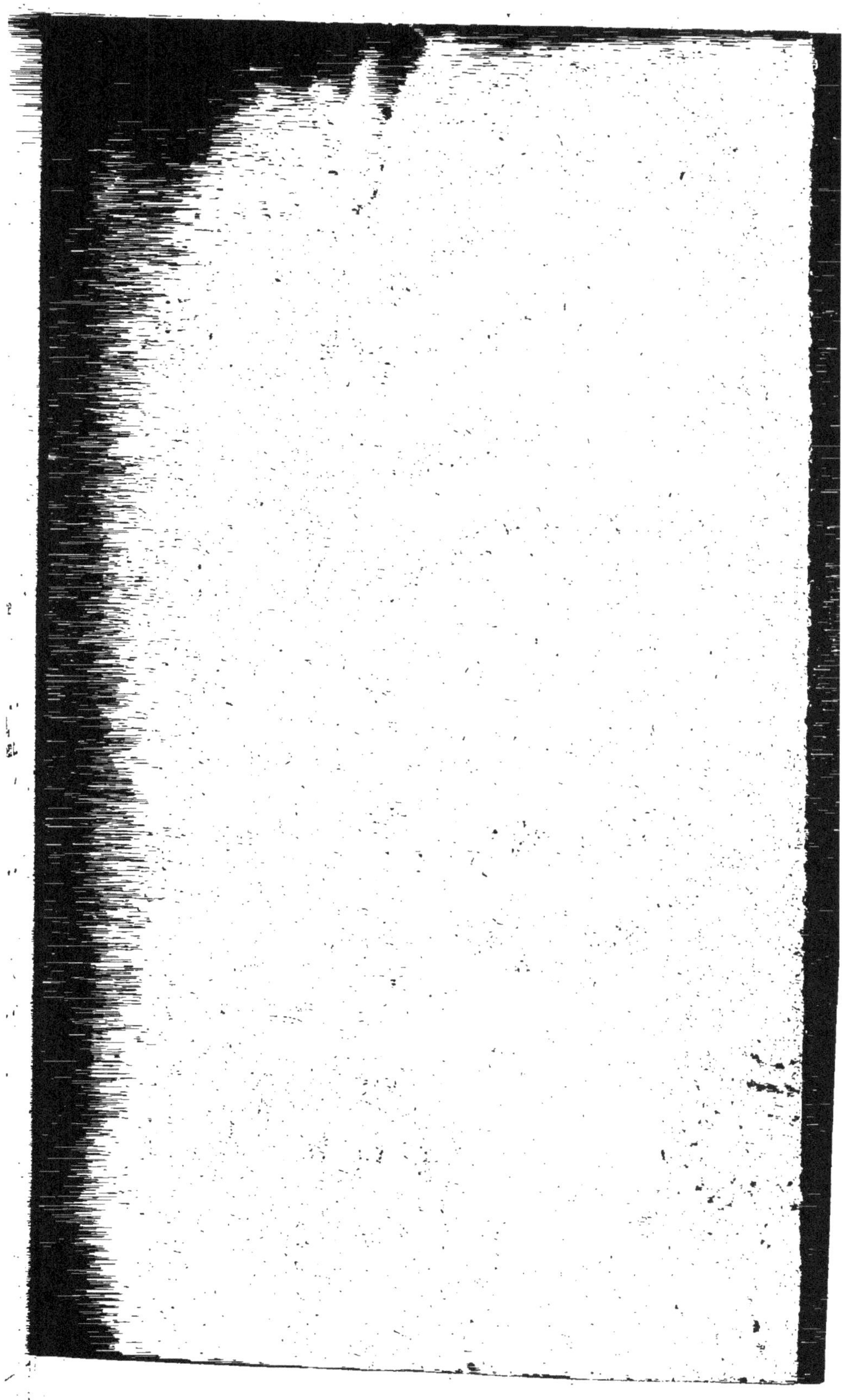

OUVRAGES DU MÊME AUTEUR

Dictionnaire universel, d'éducation et d'enseignement à l'usage des mères de famille, de la jeunesse des deux sexes et des professeurs, contenant tout ce qu'il y a de plus essentiel dans les connaissances humaines et tous les renseignements nécessaires en matière d'éducation, d'enseignement primaire, secondaire et supérieur. — Grand volume, beau texte à deux colonnes.

Prix { broché . . . . F. [illegible]
relié . . . . [illegible]

Dictionnaire comique, étymologique et de prononciation résumant tout ce qu'il y a de plus délicat dans l'esprit français pour égayer la conversation et récréer l'esprit. — 1 vol. broché . . . . [illegible]

L'École nationale ou l'enseignement progressif, d'après la marche naturelle de l'esprit humain, à l'usage des élèves des deux sexes (de 5 à 14 ans) 6 vol. ensemble . . . . [illegible]

1. PREMIER AGE . . . . F. 1 »
2. DE 9 A 12 ANS 1 25
3. DE 12 A 14 ANS 1 50
4. LE COLLÉGIEN . . . . 2 »
5. MÉTHODE D'ÉCRITURE combinée avec l'enseignement de la lecture, de l'orthographe et de la numération écrite, six cahiers de 32 pages chacun. Prix ensemble . . . . 1 »
6. LA VIE CHAMPÊTRE OU LA SCIENCE AU VILLAGE. Un vol. in-12. — Prix . . . 1 »

Ces ouvrages sont expédiés *franco* contre un mandat-poste ou timbres-poste.

S'adresser à M. E.-M. CAMPAGNE, à Langon, près Bordeaux (Gironde).

Bordeaux, imp. Duverdier et Cie (Durand, directeur), rue Guérin, 7.

www.ingramcontent.com/pod-product-compliance
Lightning Source LLC
Chambersburg PA
CBHW071957090426

42740CB00011B/1973

* 9 7 8 2 0 1 3 7 3 3 3 8 0 *